PE. JOSÉ BORTOLINI

FACES DE DEUS

NO ANTIGO TESTAMENTO

EDITORA
SANTUÁRIO

Dados Internacionais de Catalogação na Publicação (CIP) de acordo com ISBD

B739f Bortolini, José

Faces de Deus: No antigo testamento / José Bortolini. - Aparecida, SP : Editora Santuário, 2021.
88 p. ; 14cm x 21cm.

ISBN: 978-65-5527-099-0

1. Religião. 2. Cristianismo. 3. Deus. 4. Antigo testamento. I. Título.

2021-1259 CDD 240
CDU 24

Elaborado por Vagner Rodolfo da Silva - CRB-8/9410

Índice para catálogo sistemático:
1. Religião : Cristianismo 240
2. Religião : Cristianismo 24

1ª impressão

Rua Pe. Claro Monteiro, 342 – 12570-000 – Aparecida-SP
Tel.: 12 3104-2000 – Televendas: 0800 016 00 04
www.editorasantuario.com.br
vendas@editorasantuario.com.br

SUMÁRIO

INTRODUÇÃO

"Por falta de conhecimento meu povo perecerá" (Oseias 4,6). Essa afirmação de Deus por intermédio do profeta Oseias, mais que oportuna, está se concretizando em nossos dias. Milhares de pessoas mortas por causa de um elemento invisível a olho nu e até em microscópios mecânicos.

Apela-se para Deus. Onde está? Será que não vê? Ou será que está vendo, e se não estivesse seria bem pior? O povo está morrendo por falta de conhecimento.

Este livro tem objetivo bem claro: analisar alguns textos do Antigo Testamento que apresentam imagem altamente positiva de Deus, ao contrário de determinados textos que mostram aspectos negativos do mesmo Deus. "Sim", dirá alguém, "mas não se deve esquecer de que estamos no Antigo Testamento, e é normal que isso aconteça". Porém é erro pensar que o Deus do Antigo Testamento seja exatamente como o apresentam certos textos. Muitas vezes, são projeções nossas a respeito de Deus. Se nossa visão dele for míope, isso não quer dizer que ele é como o imaginamos. Quem tem de mudar somos nós, não Deus.

A questão é antiga. Lembro que certo Marcião de Sinope – atual Turquia –, nascido em 85 e falecido em 160 da nossa era, defendia a exclusão do Antigo Testamento, pois na Bíblia haveria um Deus cruel, irado, castigador, que deveria ser rejeitado (o Deus do Antigo Testamento), e o Deus do Novo Testamento, revelado por Jesus. Marcião foi excomungado. Podemos perguntar-nos: era o Deus do Antigo Testamento o Deus cruel, ou era, ao contrário, a visão embaçada de quem o descreveu dessa forma?

Por trás deste trabalho encontra-se o texto bíblico, no qual Moisés pede que Deus lhe mostre sua face, mas isso lhe é negado, e Moisés acaba vendo Deus pelas costas, depois que o Senhor o fez entrar numa fenda da rocha, tapando-lhe a visão enquanto passava. Só depois que Deus passou é que Moisés conseguiu ver a Deus, mas pelas costas (Êxodo 33,18-23).

> 18Moisés respondeu a Javé: "Rogo-te que me mostres a tua
> glória". 19Ele replicou: "Farei passar diante de ti toda a minha
> beleza, e diante de ti pronunciarei o nome de Javé. Terei
> piedade de quem eu quiser ter piedade e terei compaixão
> de quem eu quiser ter compaixão". 20E acrescentou: "Não
> poderás ver a minha face, porque o homem não pode ver-
> -me e continuar vivendo". 21E Javé disse ainda: "Eis aqui um
> lugar junto a mim; põe-te sobre a rocha. 22Quando passar a
> minha glória, colocar-te-ei na fenda da rocha e cobrir-te-ei
> com a palma da mão até que eu tenha passado. 23Depois
> tirarei a palma da mão e me verás pelas costas. Minha face,
> porém, não se pode ver".

Quem vê uma pessoa pelas costas, na verdade, não descobre muito acerca dessa pessoa, pois é no rosto que se refletem os sentimentos do ser humano: com as costas não se consegue expressar alegria, perplexidade, admiração e todos os sentimentos. Por isso o grande desafio é ver a Deus face a face, como revela o Salmo 42,3: "Minha alma tem sede de Deus, do Deus vivo: quando voltarei a ver a face de Deus?"

Compreende-se, pois, a razão pela qual este trabalho existe e por que o tema se restringe ao Antigo Testamento. No Novo não há a mesma discrepância que encontramos no Antigo. Aí basta olhar para Jesus, como está escrito: "Há tanto tempo estou convosco e tu não me conheces, Filipe? Quem me vê, vê o Pai" (João 14,9).

A palavra "face" é citada cerca de 120 vezes em toda a Bíblia, a esmagadora maioria (106) no Antigo Testamento. Refere-se ora ao ser humano, ora a outras realidades (por exemplo à *face* da terra), mas quase sempre a Deus. A maior parte das ocorrências se encontra nos Salmos (cerca de 30 vezes). Isso nos faz associar essa palavra à oração de súplica em vista de resposta favorável de Deus. Várias vezes *face* é especificada com *esconder* ou *mostrar*. Outras vezes é ação do sacerdote encarregado de *tirar as sortes* (julgamento) de casos que se apresentam ao Templo para que, em nome de Deus, as sortes decidam se o acusado é inocente ou réu.

Tirar as sortes está ligado aos misteriosos *Urim e Tummim*. Tratava-se provavelmente de algo feito em metal, semelhante a dados. Os espelhos na antiguidade eram de metal polido. Um dado era polido (brilhante = inocente), o outro era fosco (opaco = culpado, réu). Se no sorteio caísse o dado polido era sinal de inocência: era Deus mostrando sua face brilhante. Para nós isso soa temerário; para os israelitas era garantia de certeza, pois vinha de Deus.

Voltemos à questão do ver Deus pelas costas. Podemos dar a isso o nome de "visões a partir da fenda da rocha" ou "visões a partir da caverna". O que se vê? Nada. Por outro lado, eu gostaria de que tentássemos imaginar a reação de Deus diante de nossas visões pelas costas. Penso que Deus é a infinita paciência para conosco. Uma coisa é certa: nossa visão embaçada não diminui a essência de Deus, nem nossas visões face a face aumentam seu ser. Deus não depende de nossa visão para ser mais ou ser menos. Daí sua paciência diante de nosso ver pelas costas.

Costumo explicar essa questão da seguinte forma: Consideremo-nos caminhando lado a lado com Deus. Ele poderia dar passadas muito maiores que as nossas, mas não o faz. Deus não violenta nossa ignorância. Ele confia que temos capacidade de dar passos mais largos. E quando isso acontece, ele ajusta seu passo ao nosso. Assim vamos crescendo pouco a pouco. É vantajoso para nós irmos aumentando as passadas, para que o brilho da face divina nos transfigure.

Aconselho os leitores a não ler de um só fôlego estas palavras. Elas pressupõem reflexão, busca, aprofundamento. Leia um capítulo por semana, sem pressa, anotando e observando como nosso olhar para o Deus do Antigo Testamento vai clareando aos poucos e nossa compreensão cresce.

Quero também lembrar que este livro é apenas começo. Há muitos outros textos que se aproximam dos que escolhemos. Você pode aprofundá-los seguindo o método aqui adotado.

Sem qualquer pretensão científica, procurei oferecer vários modos de estudar um texto bíblico em nível popular, variando a cada título o modo de abordagem. Oxalá sirva.

Usei quase sempre a Bíblia de Jerusalém, que, em certas perícopes, dá a Deus o nome *Iahweh*, de acordo com Êxodo 3,14-15, porque "é assim que me invocarão de geração em geração". Não creio que seja desrespeito usar Javé nos textos bíblicos que encabeçam os capítulos e direcionam a reflexão. Como disse um estudioso da Bíblia, "quem descobriu a importância ímpar de Javé jamais troca esse nome por outro". Às vezes, servi-me da Bíblia do Peregrino, sobretudo por causa da tradução idiomática por ela praticada e por causa da abundância das notas explicativas.

ESTUDANDO TEXTOS DO

ANTIGO TESTAMENTO

1

A CRIAÇÃO: NOTA 10

(Gênesis 1,1–2,4a)

Há duas narrativas da criação no Gênesis. A primeira foi um presente que recebemos da tradição sacerdotal. Enganamo-nos quando imaginamos ser o texto mais antigo da Bíblia. Pelo contrário, a narrativa se encontra entre os mais jovens textos do Antigo Testamento. Costuma-se situar sua origem durante o exílio na Babilônia (586 a 538 antes de Jesus nascer). Não podemos esquecer que Ezequiel era profeta e sacerdote exilado na Babilônia.

Texto

[1,1]No princípio, Deus criou o céu e a terra. [2]Ora, a terra
estava vazia e vaga, as trevas cobriam o abismo, e um so-
pro de Deus agitava a superfície das águas.
[3]Deus disse: "Haja luz", e houve luz. [4]Deus viu que a luz
era **boa**, e Deus ***separou*** a luz e as trevas. [5]Deus chamou
à luz "dia" e às trevas "noite". Houve uma tarde e uma
manhã: primeiro dia.
[6]Deus disse: "Haja um firmamento no meio das águas e
que ele ***separe*** as águas das águas", e assim se fez. [7]Deus
fez o firmamento, que ***separou*** as águas que estão sob o
firmamento das águas que estão acima do firmamento, [8]e

Deus chamou ao firmamento "céu". Houve uma tarde e
uma manhã: segundo dia.
9Deus disse: "Que as águas que estão sob o céu se reú-
nam num só lugar e que apareça o continente", e assim
se fez. 10Deus chamou ao continente "terra" e à massa das
águas "mares", e Deus viu que isso era **bom**.
11Deus disse: "Que a terra verdeje de verdura: ervas
que deem semente e árvores frutíferas que deem sobre a
terra, segundo sua espécie, frutos contendo sua semen-
te", e assim se fez. 12A terra produziu verdura: ervas que
dão semente segundo sua espécie, árvores que dão, se-
gundo sua espécie, frutos contendo sua semente, e Deus
viu que isso era **bom**. 13Houve uma tarde e uma manhã:
terceiro dia.
14Deus disse: "Que haja luzeiros no firmamento do céu
para ***separar*** o dia e a noite; que eles sirvam de sinais,
tanto para as festas quanto para os dias e os anos; 15que
sejam luzeiros no firmamento do céu para iluminar a ter-
ra", e assim se fez. 16Deus fez os dois luzeiros maiores: o
grande luzeiro para governar o dia e o pequeno luzeiro
para governar a noite, e as estrelas. 17Deus os colocou no
firmamento do céu para iluminar a terra, 18para comandar
o dia e a noite, para ***separar*** a luz e as trevas, e Deus viu
que isso era **bom**. 19Houve uma tarde e uma manhã: quar-
to dia.
20Deus disse: "Fervilhem as águas um fervilhar de se-
res vivos e que as aves voem acima da terra, sob o firma-
mento do céu", e assim se fez. 21Deus criou as grandes
serpentes do mar e todos os seres vivos que rastejam
e que fervilham nas águas segundo sua espécie, e as
aves aladas segundo sua espécie, e Deus viu que isso
era **bom**. 22Deus os *abençoou*, dizendo: "Sede fecundos,
multiplicai-vos, enchei a água dos mares, e que as aves

se multipliquem sobre a terra". 23Houve uma tarde e uma
manhã: quinto dia.
24Deus disse: "Que a terra produza seres vivos segun-
do sua espécie: animais domésticos, répteis e feras se-
gundo sua espécie", e assim se fez. 25Deus fez as feras se-
gundo sua espécie, os animais domésticos segundo sua
espécie e todos os répteis segundo sua espécie, e Deus
viu que isso era **bom**.
26Deus disse: "Façamos o homem à nossa imagem,
como nossa semelhança, e que eles dominem sobre os
peixes do mar, as aves do céu, os animais domésticos, to-
das as feras e todos os répteis que rastejam sobre a terra".
27Deus criou o homem à sua imagem, à imagem de Deus
ele o criou, homem e mulher ele os criou.
28Deus os *abençoou* e lhes disse: "Sede fecundos, mul-
tiplicai-vos, enchei a terra e submetei-a; dominai sobre
os peixes do mar, as aves do céu e todos os animais que
rastejam sobre a terra". 29Deus disse: "Eu vos dou todas
as ervas que dão semente, que estão sobre toda a super-
fície da terra, e todas asa árvores que dão frutos que dão
semente: isso será vosso alimento. 30A todas as feras, a
todas as aves do céu, a tudo o que rasteja sobre a terra
e que é animado de vida, eu dou como alimento toda a
verdura da plantas", e assim se fez. 31Deus viu tudo o que
tinha feito: e era muito **bom**. Houve uma tarde e uma
manhã: sexto dia.
2,1Assim foram concluídos o céu e a terra, com todo o
seu exército. 2Deus concluiu no sétimo dia a obra que fizera
e no sétimo dia descansou, depois de toda a obra que fi-
zera. 3Deus *abençoou* o sétimo dia e o santificou, pois nele
descansou depois de toda a sua obra de criação.
4aEssa é a história do céu e da terra, quando foram
criados.

Aprofundamento

No texto tomamos a liberdade de salientar algumas palavras que são como os fios coloridos em um tecido. O sentido passa pela análise dessas palavras. E o leitor acabará descobrindo o que a tradição sacerdotal quis transmitir com esse texto. Estamos muito longe dos que pensam ser um texto histórico, e muito mais distantes dos que pretendem ver aí elementos científicos que entram em conflito com a razão.

Começamos recordando que essa narrativa foi produzida na Babilônia, onde o povo da Bíblia se encontrava exilado. Aí se prestava culto aos astros. A narrativa é crítica quanto a isso, sequer nomeando o sol e a lua. Simplesmente, chama-os de luzeiros, maior (sol) e menor (lua). São criaturas de Deus. Foi ele quem os fez e colocou no firmamento.

No exílio, o povo não tinha descanso, vivia como escravo trabalhando de sol a sol. Surge então um dos grandes presentes que os judeus deram à humanidade: o sábado. A narrativa se estende por uma semana para enfatizar o sábado. O descanso é sagrado. O ser humano não é máquina. Sábado é palavra que vem do hebraico *shabbat* e significa *descanso, repouso...* Mas é também verbo, com o significado de *cessar, interromper*. É o clamor de um povo escravizado por uma pitada de descanso. O texto canaliza tudo para o sétimo dia, o sábado sagrado.

Você deve ter notado que a palavra mais usada nesta narrativa é *terra*. É a nossa terra que está em jogo neste texto. Foi Deus quem a fez para nós. Se foi ele quem a fez, a ele pertence, como afirma, por exemplo, Salmo 24,1: "De Javé é a terra e o que nela existe, o mundo e seus habitantes". Porém ele a deu ao ser humano: "O céu é o céu de Javé, mas a terra, ele a deu aos filhos de Adão" (Salmo 115,16).

Sublinhamos a palavra <u>disse</u>. Conte quantas vezes aparece. Por que 10 vezes? Terá algum sentido especial? Dez são os mandamentos, dez são os dedos das mãos, muitas vezes, contamos nos dedos das mãos. Agora, perceba isto: É Deus quem fala, e sua palavra é extremamente poderosa e cheia de vida. À medida que ele fala, as coisas vão acontecendo. Perceba isso observando quantas vezes aparece a expressão e assim se fez.

Conte também quantas vezes encontramos aí a avaliação **bom**. E você irá se surpreender, pois a indicação de bondade aparece sete vezes. Na Bíblia, o número 7 está entre os números mais vezes tomados em sentido simbólico, querendo significar **totalidade, plenitude**. A mensagem então se torna clara: a criação de Deus é nota 10. Tudo e só o que ele criou é bom. Se hoje as coisas não são excelentes, a culpa não é dele. Porque o que ele criou é bom, muito bom.

Salientamos também o verbo ***separar***, que aparece 4 vezes (também esse número é frequentemente tomado simbolicamente, significando algo que abrange tudo). Observe o início da narrativa: tudo está misturado, confuso, bagunçado, caos. Deus vai pondo ordem na desordem, harmonia onde há caos. Cada coisa no seu lugar. Quer ver como o ser humano age diante da harmonia da criação? É só observar o que acontece na narrativa do dilúvio: o caos retorna por causa do mau comportamento humano (Gênesis 7,17-20). Deus criou a ordem e a harmonia, porém o homem escolheu o caos. As águas invadem o espaço do solo firme, cobrindo as montanhas. Voltamos ao caos. Olhando para o chão que pisamos percebemos como a mãe terra está sendo maltratada. Costuma-se dizer que a natureza, agredida, vinga-se. Será que a natureza possui sentimentos parecidos com os nossos? Talvez seja melhor dizer que o ser humano aciona o desequilíbrio e daí surgem as catástrofes que assolam a humanidade. Pedindo ajuda à segunda narrativa da criação (Gênesis 2,4b-25): o mundo que saiu das mãos de Deus é um jardim, e o ser humano foi aí colocado como jardineiro, e não como predador, porque qualquer agressão à vida que cometermos seremos nós os primeiros a sofrermos as consequências de tal agressão. A volta ao caos é filha da violência por causa do homem (Gênesis 6,13).

Você perceberá também que três vezes se fala de *bênção*. Os abençoados são três: **1.** Os seres vivos que povoam os ares e os seres vivos que se reproduzem nas águas; **2.** O ser humano; **3.** O sábado. Perceba o seguinte: a bênção acontece em um contexto de fecundidade. É algo direcionado à multiplicação da espécie. Cá entre nós: quantos seres ameaçados de extinção estão espalhados pelo mundo! Não espelham a vontade de Deus. O terceiro elemento abençoado é o sábado, dia sagrado, dia do encontro com Deus.

É nesse sentido que o ser humano é criado no sexto dia. Ele aparece no palco da criação às vésperas do *Shabbat*, às portas da festa com seu Deus.

Podemos concluir afirmando que a criação saiu perfeita das mãos do Criador. Deus só produz o bem, e dos males que o ser humano cria para si e para os outros ele pode extrair algum bem. Nós somos embaixadores da bondade que há na criação, herdeiros da terra que não conhece violências e agressões à vida.

A criação, saída totalmente boa das mãos do Criador, é um espelho no qual Deus se contempla. E nós, cuidando dela, poderemos entrever em cada coisa criada uma centelha da face de Deus.

Diante de tudo o que vimos, perguntamos: que sentido tem continuar insistindo em certos tipos de leitura ao pé da letra, que só podem conduzir ao fundamentalismo? Ou brigar, ou torcer no suposto conflito entre Bíblia e ciência. Quem insiste na leitura literal da Bíblia e rejeita as descobertas da ciência, ou aceita as descobertas da ciência, mas rejeita a Bíblia como algo retrógado, presta enorme desserviço tanto para a ciência quanto para o estudo da Sagrada Escritura.

2

A ALIANÇA COM NOÉ E TODAS AS COISAS CRIADAS

(Gênesis 9,1-17)

No Antigo Testamento há três alianças. A primeira é selada com Noé, e é chamada pelos estudiosos de "aliança noáquica" (Gênesis 9,1-17). A segunda é feita com Abraão (Gênesis 17,1-15) e a terceira é conhecida como a aliança do Sinai (Êxodo 19,1 e seguintes). Aliança – também chamada pacto, porém com menor ênfase – é mútuo compromisso de apoio, ajuda, proteção... entre dois chefes. Há deveres a serem respeitados de ambas as partes. Violar esse compromisso é coisa grave.

A aliança com Noé acontece depois do dilúvio. O texto supõe que aí, na família do patriarca e nos animais saídos da arca, estão todos os sobreviventes do dilúvio. E a aliança é selada com Noé *e com toda a criação*. Nada se fala das obrigações do parceiro de Deus – Noé e toda a criação –, pois Deus se compromete incondicionalmente na preservação da vida.

A aliança com Abraão é descrita em Gênesis 17. Dessa vez, menciona-se a resposta-compromisso de Abraão: a circuncisão. Esse procedimento cirúrgico era comum nos povos que viviam nessas regiões. Porém era realizada por motivos profiláticos ou como iniciação à vida adulta. Para Abraão e seus descendentes, a circuncisão revestia caráter sagrado, correspondendo, respeitadas certas diferenças, ao batismo cristão.

Em Gênesis 15, há um rito de aliança que vale a pena conhecer. Deus pede a Abraão tomar uma novilha de três anos, uma cabra de três anos, um cordeiro de três anos, uma rola e um pombinho. Deve separá-los pela metade – exceto as aves –, colocando as duas partes uma frente à outra. Um braseiro fumegante – representando Deus – passa entre as partes divididas, provavelmente proferindo destino semelhante ao dos animais divididos para quem violar a aliança. Mas surpreendentemente Abraão não passa entre as partes dos animais. Passa somente Deus.

A terceira grande aliança é a do Sinai (Êxodo 19-20). É com o povo saído da escravidão egípcia que é feita. Dessa vez, o compromisso do povo é a observância do sábado e seu descanso. O porquê do descanso em dia de sábado tem motivação diferente no texto paralelo de Deuteronômio 5,15, e a motivação é social: "Recorda que foste escravo na terra do Egito, e que Javé teu Deus te fez sair de lá com mão forte e braço estendido. É por isso que Javé teu Deus te ordenou guardar o dia de sábado". Porém a motivação do Êxodo é de caráter religioso: "Porque em seis dias Javé fez o céu, a terra, o mar e tudo o que eles contêm, mas repousou no sétimo dia; por isso Javé abençoou o dia do sábado e o consagrou" (Êxodo 20,11).

Texto

9,1Deus abençoou Noé e seus filhos e lhes disse: "Sede
fecundos, multiplicai-vos, enchei a terra. 2Sede o medo e
o pavor de todos os animais da terra e de todas as aves
do céu, como de tudo o que se move na terra e dos pei-
xes do mar: eles são entregues em vossas mãos. 3Tudo o
que se move e possui vida vos servirá de alimento, tudo
isso eu vos dou, como dei a verdura das plantas. 4Mas não
comereis a carne com sua alma, isto é, o sangue. 5Pedirei
contas, porém, do sangue de cada um de vós. Pedirei con-

tas a todos os animais e ao homem, aos homens entre si,
eu pedirei contas da alma do homem. 6Quem derrama o
sangue do homem, pelo homem terá seu sangue derra-
mado, pois à imagem de Deus o homem foi feito. 7Quanto
a vós, sede fecundos, multiplicai-vos, povoai a terra".
8Deus falou assim a Noé e a seus filhos: 9"Eis que estabe-
leço minha aliança convosco e com os vossos descenden-
tes depois de vós 10e com todos os seres animados que es-
tão convosco: aves, animais, todas as feras, tudo o que saiu
da arca convosco, todos os animais da terra. 11Estabeleço
minha aliança convosco: tudo o que existe não será mais
destruído pelas águas do dilúvio, não haverá mais dilúvio
para devastar a terra".
12Disse Deus: "Eis o sinal da aliança que instituo entre
mim e vós e todos os seres vivos que estão convosco, para
todas as gerações futuras: 13porei o meu arco na nuvem
e ele se tornará um sinal da aliança entre mim e a terra.
14Quando eu reunir as nuvens sobre a terra e o arco apa-
recer na nuvem, 15eu me lembrarei da aliança que há en-
tre mim e vós e todos os seres vivos, com toda carne; e as
águas não mais se tornarão um dilúvio para destruir toda
carne. 16Quando o arco estiver na nuvem, eu o verei e me
lembrarei da aliança eterna que há entre Deus e os seres
vivos com toda carne que existe sobre a terra".
17Deus disse a Noé: "Este é o sinal da aliança que esta-
beleço entre mim e toda carne que existe sobre a terra".

Aprofundamento

Tomando por base aquilo que se encontra na narrativa sacerdotal da criação (veja acima), as relações aqui mudaram consideravelmente: de um relacionamento pacífico entre o ser humano e os animais em geral, passou-se à situação na qual o homem é o pavor dos animais. Mudou também a "cesta básica". Lá, o ser humano era "vegano" e respeitavam-se os alimentos dos animais e do homem, sem invasão de campo alheio. Aqui, a coisa mudou radicalmente: o homem mata o animal, transformado em alimento. E a humanidade recebe a bênção divina portadora de fecundidade. Porém os animais não são contemplados com bênção, como na primeira narrativa da criação.

Podemos perguntar: Essas mudanças são sinal de evolução ou são concessões que não ajudam a evoluir? Vêm de Deus ou Deus, simplesmente, reconhece que o ser humano não leva jeito? Difícil responder. Fato é que, seja como for, Deus faz aliança com a humanidade. Mais ainda, a aliança é selada com toda a criação.

Esse fato é novidade que não se esperava. Sabe-se que a tradição sacerdotal trabalhou muito durante o exílio babilônico, produzindo, por exemplo, o Levítico, que faz longa divisão entre animais puros e impuros (Levítico 11). Seja como for, aqui tudo está envolto na aliança entre Deus e a criação.

O sinal de que a aliança foi selada está vigorando e se prolonga indefinidamente é o arco-íris (também chamado arco celeste ou arco da aliança). A imagem é interessante, porque une duas extremidades e também por ser semicírculo, metade de círculo, formato da aliança dos noivos.

Em Português, "arco" se refere a uma porção de coisas. Porém, em hebraico, essa palavra é pobre em significados, representando sempre aquela letal arma de guerra dos antigos. Pois bem, a batalha pela vida de todos, Deus a combate com o arco da paz, da beleza e do encanto, o arco-íris. De certa forma, quando a pessoa vê esse arco colorido, está vendo algo da face de Deus.

3

DE PECHINCHA EM PECHINCHA ABRAÃO DESCOBRE O DEUS NO QUAL CRÊ

(Gênesis 18,17-33)

Abraão desejava basicamente duas coisas: um pedaço de chão para viver e um descendente que prolongasse seu nome. Quando Deus o chamou, prometeu-lhe basicamente essas duas coisas. Mas o tempo passa e as promessas não se cumprem. Ele aprende a esperar, pois confia em seu aliado. Aprende também que para receber é preciso primeiro dar. Há, nesse sentido, dois episódios significativos. O primeiro se encontra em Gênesis 13, e envolve também Ló, sobrinho de Abraão. Ambos têm servos e rebanhos em quantidade, mas Ló não possui bens à altura dos bens do tio.

Naquela região, as águas são escassas, e abrir um poço é grande empreendimento. Água é essencial para a sobrevivência dos rebanhos. Eis que os servos de um e de outro brigam por causa dos poços. Em vez de se impor como mais forte, Abraão chama o sobrinho e lhe diz mais ou menos assim: "Veja, somos parentes (o texto usa a palavra 'irmãos') e não é bom existir brigas entre nós. Escolha onde você quer morar. Se escolher ir para a direita, eu irei para a esquerda; se você for para o norte, eu irei para o sul". É assim que começa a cumprir-se a promessa da terra.

Ló, que não era bobo, escolheu a planície do Rio Jordão – um paraíso – e Abraão ficou – como se diz – com quatro pedras em um deserto. Disso aprendemos o seguinte: é nobreza o mais forte permitir que o fraco escolha primeiro. Com isso, Abraão vai enchendo de nobreza todas as suas ações. De fato, nele tudo é grandioso.

O outro episódio se encontra no capítulo 18 e antecede o texto que analisaremos. Abraão, no maior calor do dia, está sentado à entrada de sua tenda e diante dele aparecem três caminhantes. Para o povo da Bíblia, a hospitalidade é coisa sagrada, pois quem acolhe pessoas no fundo é a Deus que está acolhendo. E com Abraão não foi diferente. Lendo com atenção o texto, percebe-se que, às vezes, são três, às vezes um, e nessa oscilação está presente Deus. No fim das contas, os caminhantes acabam sendo regiamente acolhidos mediante um banquete típico de nômades: pão, carne, coalhada, leite... É interessante ver a agitação de Abraão correndo para lá e para cá, a fim de acolher bem as visitas. E isso na hora da preguiçosa sesta.

Os caminhantes partem para Sodoma, a cidade que nega hospitalidade, e Deus conversa com Abraão.

Texto

18,17 Javé disse consigo: "Ocultarei a Abraão o que vou
fazer, 18 já que Abraão se tornará nação grande e poderosa
e por ele serão benditas todas as nações da terra? 19 Pois
eu o escolhi para que ordene a seus filhos e à sua casa
depois dele que guardem o caminho de Javé, realizando a
justiça e o direito; desse modo Javé realizará para Abraão
o que lhe prometeu". 20 Disse então Javé: "O grito contra
Sodoma e Gomorra é muito grande! Seu pecado é muito
grave! 21 Vou descer e ver se eles fizeram ou não tudo o
que indica o grito que, contra eles, subiu até mim; então
ficarei sabendo".

22 Os homens partiram de lá e foram a Sodoma. Abraão
se mantinha ainda diante de Javé. 23 Abraão aproximou-se e
disse: "Destruirás o justo com o pecador? 24 Talvez haja cin-

quenta justos na cidade. Destruirás e não perdoarás à cida-
de pelos cinquenta justos que estão em seu seio? [25]Longe
de ti fazeres tal coisa: fazer morrer o justo com o pecador!
Longe de ti! Não fará justiça o juiz de toda a terra?" [26]Javé
respondeu: "Se eu encontrar em Sodoma cinquenta justos
na cidade, perdoarei toda a cidade por causa deles".

[27]Disse mais Abraão: "Eu me atrevo a falar a meu Se-
nhor, eu que sou poeira e cinza. [28]Mas talvez faltem cinco
aos cinquenta justos: por causa de cinco destruirás toda
a cidade? Ele respondeu: "Não, se eu encontrar quarenta
e cinco justos". [29]Abraão retomou ainda a palavra e disse:
"Talvez só existam quarenta". E ele respondeu: "Eu não o
farei por causa dos quarenta".

[30]Disse Abraão: "Que meu Senhor não se irrite e que eu
possa falar: talvez aí se encontrem trinta". E ele respondeu:
"Eu não o farei se aí encontrar trinta". [31]Ele disse: "Eu me
atrevo a falar a meu Senhor: talvez se encontrem vinte".
Ele respondeu: "Não destruirei por causa dos vinte". [32]Ele
disse: "Não se irrite meu Senhor, vou falar pela última vez:
talvez se encontrem dez". E ele respondeu: "Não destrui-
rei, por causa dos dez".

[33]Tendo acabado de falar com Abraão, Javé partiu, e
Abraão voltou a seu lugar.

Aprofundamento

Na cultura daquele lugar e naquele tempo, negociar, pechinchar, regatear era arte. O bom negócio comportava bom regateio, e pechinchando se faziam amigos e, no final das contas, todos saíam ganhando (outro exemplo de pechincha na vida de Abraão se encontra em Gênesis 23, por ocasião da compra da caverna de Macpela, para aí sepultar a matriarca Sara). Negociação sem pechincha não tem graça.

Daniel 3,35 chama Abraão de "amigo de Deus". A amizade, às vezes, requer certa cumplicidade honesta entre amigos. Assim acontece na conversa entre Deus e Abraão. À medida que regateia e consegue, o patriarca cresce no conhecimento de seu amigo. A quantidade de justos na cidade vai diminuindo dramaticamente e, por outro lado, à diminuição da quantidade de justos corresponde maior crescimento daquela convicção expressa por Deus mediante o profeta Ezequiel: "Porventura tenho eu prazer na morte do injusto? Porventura não alcançará ele a vida se se converter de seus maus caminhos?" (Ezequiel 18,23).

Abraão pediu para falar pela última vez, sinal indicador do encerramento da conversa. E se deteve em dez justos, suficientes para salvar a cidade. E a resposta de Deus garante que dez justos a salvarão. Mas a cidade foi destruída, mostrando que não havia dez justos. Está aberta, portanto, a questão: Quantos justos serão necessários para salvar a cidade? Embora não tenha ousado ir além, Abraão foi presenteado com o essencial: Deus não ama a morte de ninguém.

No profeta Ezequiel (22,30), Deus se lamenta porque ninguém é capaz de colocar-se na brecha da muralha, arriscando e dando a vida para salvar a cidade: "Busquei entre eles um homem capaz de construir um muro e capaz de pôr-se na brecha em prol da nação para que não a destruísse, mas não o encontrei".

Dando tempo ao tempo, chegamos ao Novo Testamento. Na carta aos Romanos, Paulo escreve: "Deus demonstra seu amor para conosco pelo fato de Cristo ter morrido por nós quando éramos ainda pecadores" (Romanos 5,8). Abraão, homem que teve a oportunidade de ver Deus face a face.

O episódio ajuda a perceber algo da pedagogia de Deus. Ele não dá tudo de uma só vez e de graça. Permite e se agrada que a pessoa busque, tenha coragem, ouse... e nesse processo, à medida que a pessoa ousa, ele vai se revelando. Suponhamos que Abraão não tivesse interesse na questão ou não fosse corajoso em ousar. Qual seria o resultado?

4

UMA NOITE TODA LUTANDO PARA GANHAR UMA BÊNÇÃO
(Gênesis 32,23-33)

Jacó já usurpara do irmão Esaú a bênção do primogênito Esaú em uma trama arquitetada pela esperta mãe Rebeca, e usurpara também os direitos do primogênito. Não é sem importância o fato de seu nome significar mais ou menos "Aquele-que-pega-no-pé", pois ao nascer, não podendo sair antes do gêmeo Esaú, deixou o útero materno, segurando o calcanhar do irmão.

Ao ver-se driblado pela astúcia do irmão Jacó, Esaú encheu-se de ira e prometeu matá-lo. Mais que depressa, o pai Isaac e Rebeca enviaram Jacó a Padã-Aram, à casa de Labão, irmão de Rebeca. Lá apaixonou-se por Raquel, filha mais nova de Labão, e trabalhou duro para tê-la como esposa. Mas na noite do casamento, o esperto Labão introduziu na tenda de Jacó a filha mais velha, Lia, que Jacó não amava.

Nessa história de enganos, Jacó trabalhou para o sogro o tempo necessário para ter Raquel. Cuidando dos rebanhos de Labão, deu o troco: mediante estratagema complexo, conseguiu aumentar seus rebanhos e decidiu fugir. Para onde? Para a casa do velho pai. Fugindo, encontrava-se entre dois fogos: atrás vinha o sogro, à frente o imprevisível irmão Esaú, que, talvez, quisesse acertar antigas contas.

Superada a ameaça da retaguarda, restava o irmão. Estaria ainda furioso e disposto a matar? Jacó, esperto, planejou acalmar a possível ira do irmão mandando-lhe presentes. E que presentes! Duzentas cabras e vinte bodes, duzentas ovelhas e vinte carneiros, trinta camelas de leite com suas crias, quarenta vacas e dez touros, vinte jumentas e dez jumentinhos. Lendo a história descobre-se que Esaú não aceitou o presente, e no enterro do pai Isaac lá estavam os irmãos reconciliados.

Jacó fez tudo o que tinha atravessar o vau do córrego Jaboc, e ele ficou sozinho do outro lado.

Texto

32,23Naquela mesma noite ele se levantou, tomou suas
duas mulheres, suas duas servas, seus onze filhos e passou
o vau do Jaboc. 24Ele os tomou e os fez passar a torrente, fa-
zendo passar também tudo o que possuía. 25E Jacó ficou só.
E alguém lutou com ele até surgir a aurora. 26Vendo
que não o dominava, tocou-lhe na articulação da coxa, e
a coxa de Jacó se deslocou enquanto lutava com ele. 27Ele
disse: "Deixa-me ir, pois já rompeu o dia". Mas Jacó res-
pondeu: "Eu não te deixarei se não me abençoares". 28Ele
lhe perguntou: "Qual é o teu nome?" – "Jacó", respondeu
ele. 29Ele retomou: "Já não te chamarás mais Jacó, mas Is-
rael, porque fosse forte contra Deus e contra os homens,
e tu prevaleceste". 30Jacó fez este pedido: "Revela-me teu
nome, por favor". Mas ele respondeu: "Por que perguntas
pelo meu nome?" E ali mesmo o abençoou.

31Jacó deu a esse lugar o nome Fanuel, "porque", disse
ele, "eu vi a Deus face a face e a minha vida foi salva".
32Nascendo o sol, ele tinha passado Fanuel e manquejava
de uma coxa. 33Por isso os israelitas até hoje não comem o
nervo ciático que está na articulação da coxa, porque ele
feriu Jacó na articulação da coxa, no nervo ciático.

Reflexão

Como em nossa cultura, também acontece no mundo semita aquilo que se chama etiologia. É a tentativa de explicar por que – por exemplo – determinado lugar recebeu o nome que carrega. Alguns exemplos: há no Antigo Testamento uma localidade chamada *Carnaim*. E busca-se uma explicação: *porque vista a partir de algum ângulo se veem dois chifres*. Há um lugar chamado *Cibrot-ataava* (que significa "Cemitério-da-gula"): porque aí *foram enterrados os gulosos*. Em nossa realidade: vamos a Quixadá, no Ceará, onde é famosa a *Choca*, uma pedra enorme que parece uma galinha chocando os ovos. Vamos ainda a São Bento do Sapucaí (SP), na Serra da Mantiqueira, e visitamos a *Pedra do Baú*, assim chamada por assemelhar-se a um baú. E assim por diante. É divertido descobrir essas coisas e perceber que a leitura da Bíblia se torna mais interessante quando conhecemos esses "truques".

Algo semelhante acontece com o significado dos nomes. A Bíblia está repleta desse fenômeno, sobretudo porque, às vezes, o nome está associado a aspectos da vida ou à missão da pessoa. Por exemplo: *Samuel = Deus escuta*; *João = Deus é misericórdia*; *Jesus = Deus salva*. E assim por diante. Entre nós também acontece esse fenômeno. Exemplos: *Deusdedit = Deus deu* (filho pedido a Deus insistentemente); *Raimundo Nonato = Raimundo-não-nascido* (nome oriundo de São Raimundo Nonato, tirado do ventre da mãe já falecida). E assim por diante.

O texto conhecido como *A luta de Jacó* tem algo a ver com o que acabamos de dizer. É tentativa de explicar o nome *Israel* dado a Jacó (algo assim: *O homem que lutou com Deus*); é tentativa de explicar o nome da localidade *Fanuel* (algo assim: *Face de Deus*); é tentativa de explicar o costume dos israelitas não comerem o nervo ciático (porque *o patriarca Jacó foi contundido [por Deus] no ciático*), e assim por diante.

É dever perguntar: Isso é pura invenção? Se fosse, qual seria o problema? Mas eu creio que tem um fundo de verdade: um acontecimento real enriquecido, talvez, com outros dados.

Seja como for, a mensagem é mais importante, e é isso que buscamos agora. Na maioria das vezes, a vida é luta que a pessoa trava sozinha na noite escura das incertezas, dúvidas, resistências. E só os que lutam até o fim serão recompensados com a bênção de Deus. Das lutas que fazemos na vida, podemos sair mais fortes ou mais fracos, dependendo de como lutamos, por que lutamos. Quem, como o patriarca Jacó, sai da luta manquitolando, pode parecer um perdedor, mas na realidade é um vencedor. O fato de manquitolar não é deficiência, mas troféu. Mesmo que alguém morra lutando, é vencedor. Por quê? Porque teve a coragem de lutar com Deus, e Deus deve ter-se alegrado com a disposição do lutador. Alguns, como Jacó, precisam lutar por si e pelos seus. Quem mais lutou pelos outros foram os santos, imitadores daquele cuja vida foi luta contínua por todos, Jesus.

O patriarca quer conhecer o nome daquele com o qual está lutando. Na cultura semita, conhecer o nome de alguém é ter poder sobre ele, e é evidente a resposta negativa. Deus não se submete a ninguém e ninguém pode pretender submetê-lo.

Na noite escura da vida, quando dominam as sombras, o patriarca Jacó vê algo de Deus que olhos de quem não luta não vê.

5

CARÁTER GRANDIOSO DE MOISÉS – I

(Êxodo 32,1-14)

É o episódio conhecido como "o novilho de ouro", símbolo da idolatria, e suas consequências. É trecho obscuro, e não se sabe quem é seu dono, que tipo de tradição conservou essa memória. Parece pertencer à tradição sacerdotal (época do exílio na Babilônia) e foi conservado por trazer a memória de um acontecimento do tempo de Jeroboão I, logo após a divisão do império de Davi e Salomão. Esse rei (931-910) está na origem dessa divisão. E entre suas estratégias para evitar a evasão de divisas canalizadas para o Reino do Sul (Judá), pelos peregrinos que em Jerusalém deixavam boas quantias em dinheiro, criou aquilo que passou a se chamar "pecado de Jeroboão": construiu dois santuários, um na fronteira com o Reino do Sul (Betel = Casa de Deus) e outro no extremo Norte (Dã), de modo que os peregrinos podiam oferecer aí seus dons e sacrifícios. Os novilhos não eram a divindade em si, mas apenas pedestal de Deus.

Os profetas (por exemplo Amós – veja Amós 8,10-17) não se calaram diante dessa idolatria.

Texto

32,1 Quando o povo viu que Moisés tardava em descer
da montanha, congregou-se em torno de Aarão e lhe

disse: "Vamos, faze-nos um deus que vá à nossa frente,
porque a esse Moisés, a esse homem que nos fez subir
da terra do Egito, não sabemos o que lhe aconteceu". 2Aa-
rão respondeu-lhes: "Tirai os brincos de ouro das orelhas
de vossas mulheres, de vossos filhos e filhas e trazei-os a
mim". 3Então todo o povo tirou das orelhas os brincos e os
trouxeram a Aarão. 4Ele recebeu o ouro das suas mãos, e
o fez fundir em um molde e fabricou com ele uma estátua
de bezerro. Então exclamaram: "Este é o teu Deus, ó Israel,
o que te fez subir da terra do Egito". 5Quando Aarão viu
isso, edificou um altar diante da estátua e fez esta procla-
mação: "Amanhã será festa para Javé".

6No dia seguinte, levantaram-se cedo, ofereceram ho-
locaustos e trouxeram sacrifícios de comunhão. O povo
sentou-se para comer e beber, depois se levantou para se
divertir.

Javé disse a Moisés: "Vai, desce, porque o teu povo,
que fizeste subir da terra do Egito, perverteu-se. 8De-
pressa se desviaram do caminho que eu lhes havia or-
denado. Fizeram para si um bezerro de metal fundido, o
adoraram, ofereceram-lhe sacrifícios e disseram: 'Este é
o teu Deus, ó Israel, que te fez subir do país do Egito'".
9Javé disse a Moisés: "Tenho visto a este povo: é povo
teimoso. 10Agora, pois, deixa-me, para que se acenda
contra eles a minha ira e eu os consuma; e farei de ti uma
grande nação".

11Moisés, porém, suplicou a Javé, seu Deus, e disse:
"Por que, ó Javé, se acende a tua ira contra o teu povo, que
fizeste sair do Egito com grande poder e mão forte? 12Por
que os egípcios haveriam de dizer: 'Ele os fez sair com
engano, para matá-los nas montanhas e exterminá-los da
face da terra'? Abranda o furor de tua ira e renuncia ao
castigo que pretendias impor ao teu povo. 13Lembra-te
dos teus servos Abraão, Isaac e Israel, aos quais juraste

por ti mesmo, dizendo: Multiplicarei a vossa descendência como as estrelas do céu, e toda a terra que vos prometi, dá-la-ei a vossos filhos para que a possuam para sempre".
14Javé, então, desistiu do castigo com o qual havia ameaçado o povo.

Aprofundamento

A quem o povo pertence? Parece que ninguém quer estar à frente de povo teimoso – declara-o o próprio Deus – como esse que saiu da escravidão egípcia rumo à terra da liberdade e da vida. Nesse texto há uma espécie de deserdação: Deus diz a Moisés: "o *teu povo* que fizeste subir da terra do Egito", como se não existisse passado, como se não houvesse acontecido nada na cena da sarça ardente. Lá, Deus afirma *ter descido* para conduzir o povo para fora da escravidão; aqui, quem recebe a ordem de *descer* é Moisés, por causa da idolatria do povo. Não é escandaloso tudo isso? Fazer Deus desdizer, voltar atrás, negar-se!

Moisés não se abala e – também isto é escandaloso – apela para o bom senso de Deus: "Por que se acende a tua ira contra o *teu povo*, que fizeste sair do Egito com grande poder e mão forte?" Mais ainda: Os egípcios veem claramente quem é dono do povo: "Por que os egípcios haveriam de dizer: 'Ele os fez sair com engano, para matá-los nas montanhas e exterminá-los da face da terra'?" Moisés vê as coisas claramente, e seu caráter é grandioso a ponto de levá-lo a vencer a proposta sedutora que Deus lhe faz: ser chefe de uma grande nação. "Grande nação" é o oposto do que se diz de Israel em Deuteronômio 7,7: "Se o Senhor se afeiçoou a vós e vos escolheu, não é por serdes o mais numeroso de todos os povos – ao contrário, sois o menor dos povos...".

Grande a tentação de Moisés: deixar de ser chefe do teimoso e menor de todos os povos para liderar uma grande nação! Mas para isso é preciso ser cúmplice da morte do menor dos povos!

Henoteísmo e monoteísmo

Compreender bem a diferença entre *henoteísmo* e *monoteísmo* é, neste e em outros casos, muito importante para interpretar certos textos do Antigo Testamento. As duas palavras são compostas por dois elementos gregos, sendo o último (*-ismo*) igual para ambas. Em grego, *henós* significa *um* (entre muitos outros); *mónos* também significa *um*, mas não entre outros, e sim único. Por muito tempo o povo de Deus do Antigo Testamento foi *henoteísta*, isto é, acreditava e agia como se o Deus dele fosse só dele, ligado a um povo, a uma terra, aliado só com esse povo. Os outros povos também eram *henoteístas* ou *politeístas* (têm mais de uma divindade): acreditavam que o deus (ou deuses) deles era(m) próprio(s), exclusivo(s) dele(s).

Quando um povo é *henoteísta*, a religião dele quase sempre está em conflito com a religião de outro povo. A Bíblia tem muitos exemplos nesse sentido. Basta lembrar as pragas do Egito narradas no Êxodo, a partir do capítulo 7: no fundo são lutas de deuses, o Deus dos hebreus e os deuses do Egito. O assunto é amplo, e pode ser tema de estudo.

Vamos reunir todas as informações acerca do *henoteísmo*: religião que acredita na existência de um deus ligado/aliado a um povo apenas, a uma terra, a uma cultura. Esse deus não extrapola as fronteiras de seu país. Acredita-se que o mesmo acontece com as divindades dos outros povos: são verdadeiros deuses. Definir *monoteísmo* não é difícil. É a religião que acredita na existência de um único Deus, Senhor de todos os povos. As três grandes religiões monoteístas são o cristianismo, o judaísmo e o islamismo, embora Deus possa receber nomes diferentes. Para o monoteísmo, os deuses dos povos politeístas são simplesmente ídolos (veja Salmo 115). O *henoteísmo* é ruim? Não necessariamente. É preferível vê-lo como etapa superada pelo monoteísmo.

É difícil dizer quando se deu a passagem do *henoteísmo* ao *monoteísmo*. Foi processo lento. Baruc capítulo 6 traz longa e crítica carta de Jeremias aos exilados contra os ídolos do lugar. É um sintoma de que o exílio produziu algum efeito nesse campo. Voltaremos ao assunto. Agora vamos finalizar a grandeza de caráter de Moisés diante da sedutora proposta de Deus.

A intervenção de Moisés apresenta os seguintes importantes aspectos: **1.** Se Deus decidir castigar o povo, é o *povo seu* que castigará. E castigar o próprio povo não é bom. É quase "dar um tiro nos próprios pés". **2.** Há um juramento em jogo. E não tendo por quem jurar – pois se houvesse alguém por quem jurar seria colocar esse alguém acima de Deus! – o Senhor jurou *por si mesmo*. Se deserdasse o povo estaria negando-se. E se Deus negar a si mesmo, deixa de ser aquilo que é! **3.** O juramento contém grande promessa feita aos patriarcas (lembre-se de que Abraão queria terra para viver, e a promessa seria o cumprimento do sonho do patriarca finalmente realizado nos descendentes dele). Moisés ajuda a desempoeirar a memória, como se perguntasse: que nome se dá a quem não cumpre aquilo que prometeu?

Foi o suficiente para mudar completamente a situação. Deus desistiu de executar seu plano e Moisés desceu da montanha com o documento da aliança, para que fosse celebrada.

6

CARÁTER GRANDIOSO DE MOISÉS – II

(Êxodo 32,30-35; 33,12-17)

Moisés é extremamente solidário quando abraça uma causa, atingindo o ápice da solidariedade. Ele era hebreu, porém crescido e educado na corte pela filha do Faraó. Não sabemos por quais caminhos a solidariedade amadureceu nele. Certa ocasião, viu um egípcio maltratando um hebreu. Imediatamente, tomou a defesa do hebreu e matou o agressor, escondendo-o na areia. Porém um hebreu o viu, e, logo depois, quando tentava apartar dois hebreus briguentos, percebeu que o episódio do egípcio era conhecido, e então fugiu.

Conhecemos a sequência dos acontecimentos até a aliança no Sinai. O episódio do novilho de ouro já foi comentado acima, bem como a tentação de abandonar o povo em troca da liderança de grande nação. Nós o descobrimos extraordinário também na passagem que analisaremos a seguir e, dando grandes saltos, vamos ao final do Deuteronômio (capítulo 34), onde se narra sua morte, sozinho, ele que liderou o povo na grande epopeia do Egito à Terra Prometida. Dentre os poucos saídos do Egito – a quase totalidade morreu no percurso –, era o maior merecedor de pôr os pés na realização das promessas, a Terra Prometida. No entanto, contempla de longe a realização da promessa prestes a acontecer, mas não entra. É o ponto alto da solidariedade, semelhante ao que vimos ao examinar o relacionamento de Abraão com o sobrinho Ló.

O final do Deuteronômio descreve o caráter de Moisés: “Ele morreu aí, na terra de Moab, conforme a palavra de Javé. E ele o sepultou no vale, na terra de Moab, defronte a Bet-Fegor; e até hoje ninguém sabe onde é sua sepultura. Moisés tinha cento e vinte anos quando morreu; sua vista não havia enfraquecido e seu vigor não se esgotara... Em Israel, não surgiu um profeta como Moisés – a quem Javé conhecia face a face –, seja por todos os sinais e prodígios que Javé mandou realizar na terra do Egito, contra Faraó, contra todos os seus servidores e contra toda a sua terra, seja pela mão forte e por todos os feitos grandiosos e terríveis que Moisés realizou aos olhos de todo o Israel”.

Porém há outro episódio merecedor da nossa atenção.

Texto

[32,30]No dia seguinte, Moisés disse ao povo: "Vós come-
testes um pecado grave. Todavia, vou subir a Javé para
tratar de expiar o vosso pecado". [31]Voltou, pois, Moisés a
Javé e disse: "Este povo cometeu grave pecado ao fabri-
car um deus de ouro. [32]Agora, pois, se perdoasses seu pe-
cado... Se não perdoares, risca-me, peço-te, do livro que
escreveste". [33]Javé respondeu a Moisés: "Riscarei do meu
livro todos os que pecaram contra mim. [34]Vai, pois, agora,
e conduze o povo para onde eu te disse. Eis que o meu
Anjo irá adiante de ti. Mas, no dia da minha visita, eu pu-
nirei o pecado deles". [35]E Javé castigou o povo pelo que
havia feito com o bezerro fabricado por Aarão.

[33,12]Moisés disse a Javé: "Tu me disseste: 'Faze subir este
povo', mas não revelaste quem mandarás comigo. Contu-
do, disseste: 'Conheço-te pelo nome, e encontraste graça
aos meus olhos'. [13]Agora, pois, se encontrei graça aos teus

olhos, mostra-me o teu caminho, e que eu te conheça e encontre graça aos teus olhos; e considera que esta nação é teu povo". [14]Javé disse: "Eu mesmo irei e te darei descanso". [15]Disse Moisés: "Se não vieres tu mesmo, não nos faças sair daqui. [16]Como se poderá saber que encontramos graça aos teus olhos, eu e teu povo? Não será pelo fato de ires conosco? Assim seremos distintos, eu e o teu povo, de todos os povos da face da terra". [17]Javé disse a Moisés: "Farei ainda o que disseste, porque encontraste graça aos meus olhos e conheço-te pelo nome".

O primeiro texto transpira tensão. Moisés tem de subir e descer várias vezes da montanha. Subindo, tem de ouvir o desgosto de Deus com o povo e, descendo, levar ao povo as decisões tomadas na montanha. Ele não tem certeza do perdão para o pecado do povo: "... se perdoasses seu pecado...". Não fala no imperativo, como no cenário anterior: "abranda, lembra-te". Mas fala no imperfeito do subjuntivo, que expressa condição, expectativa, possibilidade de negação, "se". Ele aposta todas as suas fichas para que seu pedido seja aceito: põe em jogo a própria vida. Em caso de recusa por parte de Deus, o nome de Moisés deverá ser riscado do livro no qual Deus registra as ações dos homens.

Ele pôs em jogo tudo o que tinha de precioso, expresso no riscar do livro o nome dele. Tudo o que ele realizou não contava, incluída a própria vida. Isso faz lembrar o Salmo 116,15: "É custosa aos olhos de Javé a morte de seus fiéis". O sentido é aproximadamente este: Deus sofre quando um amigo dele morre, custa-lhe aceitar que isso aconteça, porque perde-se um aliado, alguém que propaga o nome e os feitos de Deus.

O sentido do segundo texto passa por duas expressões: Conhecer pelo nome (isto é, *tratar pessoalmente com...*) e encontrar graça aos olhos de... (ou seja, *ter o favor de alguém..., desfrutar do amparo, proteção* – neste caso – de Deus). Moisés reúne em si ambas. Cresceu na presença do Senhor, e o próprio Deus vai acompanhá-lo na condução do povo rumo à realização da promessa feita outrora a Abraão.

São muitos os aspectos preciosos na vida de Moisés e em seu relacionamento com Deus. Dos textos que aprofundamos emergem traços de uma face brilhante. Como no caso da súplica de Abraão, também com Moisés acontece este fenômeno: quanto mais ele ousa, mais vê aumentar o brilho da face de Deus. Moisés não tem rivais em todo o Antigo Testamento. Só no Novo é que as coisas mudam, pois aquilo que foi prometido a Moisés encontra concretização na pessoa de Jesus: "Vou suscitar para eles um profeta como tu, do meio de seus irmãos" (Deuteronômio 18,18). No episódio da transfiguração de Jesus (Mateus 17,1-8), Moisés e Elias – representantes respectivamente da Lei e dos Profetas – concordam e confirmam esses fatos.

7

A BÊNÇÃO
(Números 6,22-27)

Bênção não é algo mágico que resolve nossos problemas. Nossos percalços são nossos, e é inútil pedir a Deus que os resolva em nosso lugar. O fato de Deus não resolver nossos problemas não significa que ele é preguiçoso ou algo semelhante, mas indica que nós temos o dever de dar sentido à nossa vida, pondo em ação os dons que recebemos, e fazendo isso nos fortalecemos, ficamos contentes, pois não imaginávamos ser capazes de tal superação. Deus sempre faz sua parte, pondo dentro de nós aquelas energias que se resumem na *graça*. Ela está dentro de nós. A capacidade de superar e vencer as barreiras está dentro de cada pessoa, como o Espírito recebido no Batismo está dentro de cada pessoa. Senão, não seríamos – como afirma o apóstolo Paulo – templo do Espírito Santo (veja 1 Coríntios 6,19). O Espírito não viaja nem nos abandona. Somos nós que não o despertamos, não lhe damos condições para agir. Então, por que o invocamos, se está dentro de nós? Não seria mais lógico despertá-lo e emprestar-lhe nossas mãos, nossos pés, nosso coração?

O texto que vamos ler supõe que estejamos disponíveis para aceitar aquilo que a bênção quer ser em nós.

Texto

6,22Javé falou a Moisés e disse: 23"Fala a Aarão e seus filhos e dize-lhes:

Assim abençoareis os israelitas. Dir-lhes-eis:

24Javé te abençoe e te guarde!

25Javé faça resplandecer o seu rosto sobre ti e te seja benigno!

26Javé mostre para ti a sua face e te conceda a paz!

27Porão assim o meu nome sobre os israelitas e eu os abençoarei".

Explicação

A bênção cita três vezes o nome de Deus acompanhado por três complementos: **1.** Deus (Javé) + guardar; **2.** Deus + ser benigno; **3.** Deus + dar a paz. A frase central é o versículo 25: Quando Deus faz seu rosto resplandecer sobre alguém é porque algo muito importante deve acontecer. Aqui entram em cena quase todos os salmos que contêm o tema "face de Deus". São pedidos atribulados feitos por pessoas passando as mais diversificadas dificuldades. Vamos ver as ocorrências dessa palavra nos Salmos:

- Muitos dizem: "Quem nos fará ver o bem?" Javé, levanta sobre nós a luz da tua face (4,7).
- Sim, Javé é justo, ele ama a justiça e os corações retos contemplarão a sua face (11,7).
- Até quando me esquecerás, Javé? Para sempre? Até quando esconderás de mim a tua face? (13,2).
- Sim, pois ele não desprezou, não desdenhou a pobreza do pobre, nem lhe ocultou sua face, mas ouviu-o, quando a ele gritou (22,25).

- Esta é a geração dos que o procuram, dos que buscam tua face, ó Deus de Jacó (24,6).
- Meu coração diz a teu respeito: "Procura sua face!" É tua face que eu procuro, não me escondas tua face (27,8-9).
- Javé, teu favor me firmara sobre fortes montanhas; mas escondeste tua face e eu fiquei perturbado (30,8).
- Faze brilhar tua face sobre o teu servo, salva-me por teu amor (31,17).
- Minha alma tem sede de Deus, do Deus vivo: quando voltarei a ver a face de Deus? (42,3).
- Por que escondes tua face, esquecendo nossa opressão e miséria? (44,25).
- Esconde a tua face dos meus pecados e apaga minhas iniquidades todas (51,11).
- Não me rejeites para longe de tua face, não retires de mim teu santo espírito (51,13).
- Deus tenha piedade de nós e nos abençoe, fazendo sua face brilhar sobre nós (67,2).
- Não escondas tua face ao teu servo! Estou angustiado, responde-me depressa (69,18).

E assim por diante. Querendo, você pode continuar encontrando outros salmos trazendo a palavra "face". É preciso prestar muita atenção no que está acontecendo nesse salmo. Salmos: 80,4.8.17.20; 89,15.16; 102,3; 104,29; 105,4; 119.58.135; 132,10; 143,7.

Proteção, favorecimento e paz são os três resultados que a bênção quer produzir em quem está aberto para a bênção. A paz (*shalom*) não é só a cessação de conflitos, mas vida plena, em todos os âmbitos da vida: saúde, bem-estar, prosperidade, paz interior, autoestima elevada e todas as coisas boas que favorecem vida abundante.

Não se pode considerar boa a avaliação desse texto que ignora – como vimos – a novidade da frase central da bênção. Sabe-se que havia em Israel a seguinte crença: se alguém vê a face de Deus não continuará vivo. É morte na certa. Qual o valor dessa afirmação? Nenhum. É afirmação negativa. Mas a frase central da bênção rompe esse tabu, desejando exatamente que Deus, atendendo ao desejo de quem está abençoando, faça resplandecer seu rosto e seja benigno.

8

"ESCOLHE A VIDA"

(Deuteronômio 30,15-20)

A parte central do Deuteronômio (12,1 a 26,15) é a mais antiga do livro e serviu para que outras partes fossem elaboradas, assim como a história deuteronomista, que compreende estes livros: Josué, Juízes, 1 e 2 Samuel e 1 e 2 Reis. A parte central do Deuteronômio é fruto da catequese dos levitas itinerantes no Reino do Norte. Eles não dispunham de morada fixa, indo de lugar a lugar, de cidade a cidade, anunciando o projeto de Deus e promovendo as celebrações religiosas no meio do povo. Ainda não havia o Templo de Jerusalém, e as celebrações – entre elas a principal, a Páscoa – eram realizadas dentro da casa-do-pai, a menor unidade da organização social da época das tribos.

No Reino do Sul, houve um rei de nome Ezequias (715 a 687). Ele promoveu uma reforma, sobretudo religiosa (que ficou inacabada por causa da morte do rei). Entre os planos desse rei estava o projeto de anexar o Reino do Norte, que já havia desaparecido com a destruição da capital (Samaria), em 722 antes de Cristo. Foi nessa ocasião que a parte central do Deuteronômio foi levada para o Sul para ajudar na reforma de Ezequias. Porém, fracassado o plano de anexar o Norte, com a morte do rei também a reforma foi suspensa e a parte mais antiga do Deuteronômio se perdeu.

Anos depois, Josias, rei do Sul (640 a 609), retomou a reforma de Ezequias. Nos trabalhos de restauração do Templo de Jerusalém foi encontrado o "Livro da Lei", ou seja, o núcleo do Deuteronômio. Esse texto tornou-se o motor da reforma de Josias. Houve o resgate das tradições religiosas e da sabedoria popular (boa parte de Provérbios é dessa época). Criou-se assim a *Escola deuteronomista*. Uma de suas tarefas foi a elaboração, a partir de muitos materiais já existentes, da *História deuteronomista*, que, como já vimos, compreende estes livros da Bíblia: Josué, Juízes, 1 e 2 Samuel e 1 e 2 Reis.

A história deuteronomista cobre o período que começa com a conquista da terra (realização da promessa a Abraão) até a entrada no exílio na Babilônia (ano 586), que corresponde à perda da terra, perda da promessa. A conquista da terra com Josué é bênção. A perda da terra no exílio é maldição. A história deuteronomista pergunta: é possível encontrar um responsável pela perda da bênção (liberdade na própria terra)? Ela responde positivamente e aponta a monarquia: os reis. Se não são os únicos, pelo menos são os grandes responsáveis pela maldição, que é a perda da liberdade e da terra e o "ganho" amargo do cativeiro babilônico. Para confirmar isso basta ler Deuteronômio 17,14-20.

Essa exposição nos ajudará no aprofundamento do texto que vem a seguir. É claro que o texto se dirige a todos, mas é oportuno recordar que o estrago é muito maior quando quem opta pela morte ocupa cargo de governar o povo.

Texto

30,15 Eis que hoje estou colocando diante de ti a vida e a
felicidade, a morte e a infelicidade.
16 Se ouves os mandamentos de Javé teu Deus que hoje
te ordeno – amando a Javé teu Deus, andando em seus caminhos e observando seus mandamentos, seus estatutos

e suas normas – viverás e te multiplicarás. Javé teu Deus
te abençoará na terra em que estás entrando a fim de to-
mares posse dela. [17]Contudo, se o teu coração se desviar e
não ouvires, e te deixares seduzir e te prostrares diante de
outros deuses, e os servires, [18]eu hoje vos declaro: é certo
que perecereis! Não prolongareis vossos dias sobre o solo
em que, ao atravessar o Jordão, estás entrando para dele
tomar posse. [19]Hoje tomo o céu e a terra como testemu-
nhas contra vós: eu te propus a vida ou a morte, a bênção
ou a maldição. Escolhe, pois, a vida, para que vivas tu e a
tua descendência, [20]amando a Javé teu Deus, obedecendo
à sua voz e apegando-te a ele. Porque disto depende a
tua vida e o prolongamento dos teus dias. E assim pode-
rás habitar sobre este solo que Javé jurara dar a teus pais,
Abraão, Isaac e Jacó.

Aprofundamento

Vamos aprofundar esse texto seguindo estes passos:

1. Observe como o texto alterna "tu" e "vós". É recurso literário frequente na Bíblia. Vamos supor que "tu" tem como destinatário uma pessoa; "vós", uma coletividade. Se isso não estiver errado, significa que o texto se destina a todos.
2. Leia o texto imaginando estar no deserto, no tempo de Moisés. O ouvinte tem à sua frente a sonhada terra prometida a Abraão e seus descendentes. O texto, nesse caso, refere-se ao futuro. A seguir, releia o texto situando-se bem à frente, durante o exílio na Babilônia. O texto já não visa ao futuro. É advertência dada no passado, porém não acolhida, que desaguou no cativeiro da Babilônia. Leia novamente o texto e pense ter sido escrito para nós, hoje. Causa alguma impressão?

3. Observe como Deus permite que a pessoa se sinta totalmente livre na escolha. Se não tivesse dado a liberdade ao ser humano poderia ser considerado verdadeiro Deus? Quem não dá liberdade são os ídolos.
4. O texto associa bênção com multiplicação da espécie, na linha do Salmo 127. Qual a causa, no tempo do exílio e depois dele, que levou o povo de Deus do Antigo Testamento a ser numericamente tão pequeno?
5. Se tivéssemos que compor com esse texto a face de Deus, como faríamos? Quais as principais características?

9

JÓ: "AGORA MEUS OLHOS TE VEEM"

(Jó 42,1-6)

Jó não existiu como pessoa física. É personagem principal de uma lenda que percorria aqueles lugares, mas como pessoa Jó não existiu. Isso não muda nada. O texto da lenda está presente no livro de Jó. É a parte em prosa que encontramos no início (1,1 a 2,13) e no fim (42,7-17). Aí Jó é figura paciente, como às vezes dizemos: "É preciso ter a paciência de Jó".

Contudo, entre o início e o fim, foi acrescentado longo texto em poesia (3,1 a 42,6). E aí Jó não é sinônimo de paciência, pelo contrário, reclama, esperneia, contesta e desafia o próprio Deus a um debate cara a cara, pois ele tem certeza de ser inocente, ao passo que seu rival... Bem, isso veremos.

Na parte em poesia intervêm três "amigos" de Jó (o tipo de *amigo* que a gente não gostaria de ter). Eles vão se alternando com Jó em longos discursos. Assim: Jó fala, um "amigo" (Elifaz de Temã) responde; Jó fala, outro "amigo" (Baldad de Suás) responde; Jó fala, o terceiro "amigo" (Sofar de Naamat) responde. Isso se estende por três turnos, depois dos quais intervém um "amigo" não convidado (Eliú) e que não traz grandes novidades (capítulos 32 a 37). Esses capítulos são acréscimos posteriores, assim como o capítulo 28.

O que estava acontecendo? Jó era pessoa correta e temia a Deus. Mas Satã levantou diante de Deus a suspeita que ele age dessa maneira graças a uma espécie de contrato religioso entre Deus e Jó. Este faria o bem, e Deus o recompensaria com abundância de bens. A religião não passaria de troca-troca entre a pessoa e Deus. Mas se Deus tocar nos bens e no próprio corpo de Jó, com certeza ele vai amaldiçoá-lo. E a aposta começa, até Jó perder tudo, menos a força para contestar e desafiar os "amigos" e o próprio Deus. Ele gostaria que houvesse um mediador entre ele e Deus, mas não há. Então desafia Deus para um confronto entre os dois.

Deve-se observar que nem Jó nem os três importunos amigos sabem que a desgraça de Jó é fruto de cruel aposta entre Deus e Satã. Por isso batem na velha tecla: Jó pecou gravemente e Deus o puniu severamente. Que peça perdão a Deus, e Deus lhe devolverá tudo. A isso se dá o nome de *teologia da retribuição*. A religião não passa disto: troca de favores, comércio, negociação, interesse.

Os três amigos chatos não saem do lugar. Para eles, é preciso inocentar a Deus e responsabilizar Jó. Este sabe ser inocente, e afirma que Deus é arbitrário e parcial em suas ações, tratando do mesmo jeito bons e maus. Por isso Jó não vê outra saída a não ser um confronto aberto com Deus: "Oxalá houvesse quem me ouvisse! Esta é a minha última palavra: que me responda Shaddai! A acusação escrita por meu adversário eu a carregaria sobre meus ombros, como diadema eu a ataria em mim. Eu lhe prestaria contas dos meus passos e, como príncipe, me aproximaria dele" (31,35-37).

Surpreendentemente Deus aceita a provocação e responde a Jó. Isso para ele já é vitória. Mas em vez de dar explicações, Deus o sufoca com perguntas acerca de coisas que Jó não conhece: a origem dos fenômenos atmosféricos, a vida dos animais, como se multiplicam, quem os alimenta, as feras marinhas etc.

Atordoado pela avalanche de perguntas que evidenciam o desconhecimento de Jó, ele abandona sua arrogante postura diante de Deus, e responde a Deus:

Texto

[42,2]Reconheço que tudo podes e que nenhum dos teus designios fica frustrado. [3]Tu disseste: "Quem é este que embaça meus desígnios com palavras sem sentido?" É certo, sem entender falei de maravilhas que superam minha compreensão. [4]Tu disseste: "Escuta-me, pois vou falar, vou interrogar-te e tu responderás". [5]Eu te conhecia só de ouvir, agora meus olhos te viram; [6]por isso me retrato e me arrependo, lançando pó e cinza sobre mim".

Conclusão

Jó ficou satisfeito com aquilo que ouviu da parte de Deus, embora Deus não lhe tenha respondido diretamente com um "porque...". Assim o sofrimento humano não tem explicação nítida, um porquê que encerre a questão. Nessa situação, é preciso olhar para aquele que ao morrer crucificado rezou: "Deus meu, Deus meu, por que me abandonaste?" (Mateus 27,46; veja Salmo 22) ou, como afirma Lucas: "Pai, em tuas mãos entrego meu espírito" (Lucas 23,46; veja Salmo 31).

Com Jó, quando olhamos a face de Deus descobrimos que a relação com ele (que costumamos chamar de "religião") não é marcada pelo interesse, mas pela gratuidade. Jó se retratou de sua arrogante pretensão de saber tudo a respeito de Deus. Ele é mistério, e nós entramos nesse mistério descalços como Moisés no monte da aliança do Sinai (Êxodo 3,5), isto é, despojados de nossas mesquinhas pretensões de conhecer a Deus.

10

"MEUS OLHOS VIRAM O REI"

(Isaías 6,1-9)

A vocação de Isaías segue o esquema clássico de vocação presente na Bíblia ao relatar o modo como personagens importantes (Moisés, Jeremias, Maria, Paulo...) receberam o chamado de Deus. O esquema é, com pequenos detalhes próprios de cada personagem, o seguinte: **1.** *Aparição transcendente* (um anjo, uma luz, uma voz vinda do céu, o próprio Deus...). Às vezes, acrescentam-se outros detalhes, como local, data etc. **2.** *Reação da pessoa* (normalmente, fraqueza, surpresa ou susto...). **3.** *A aparição transcendente tranquiliza*, anunciando o que Deus está pedindo (missão). **4.** *A pessoa apresenta dificuldades*. **5.** *A aparição transcendente confirma a missão.*

Vamos ver como a vocação de Isaías se encaixa no esquema.

Texto

(Data e aparição transcendente) 6,1No ano em que faleceu o rei Ozias, *[corresponde ao ano 740]* vi o Senhor sentado sobre um trono alto e elevado. A cauda de sua veste enchia o santuário.

2Acima dele, em pé, estavam serafins, cada um com seis asas: com duas cobriam a face, com duas cobriam os pés e com duas voavam.

[3]Eles clamavam uns para os outros e diziam: "Santo, santo, santo é Javé dos Exércitos, a sua glória enche toda a terra". [4]À voz dos seus clamores os gonzos das portas oscilavam enquanto o Templo se enchia de fumaça. [5]Então disse eu:

(Reação da pessoa) "Ai de mim, estou perdido!" *(A pessoa apresenta dificuldades)* "Com efeito, sou homem de lábios impuros e vivo no meio de um povo de lábios impuros, e meus olhos viram o Rei, Javé dos Exércitos".

(Tranquilização) Nisto, um dos serafins voou para junto de mim, trazendo na mão uma brasa que havia tirado do altar com uma tenaz. [7]Com ela tocou-me os lábios e disse: "Vê, isto te tocou os lábios, tua iniquidade está removida, teu pecado está perdoado".

(Missão) [8]Em seguida, ouvi a voz do Senhor que dizia: "Quem hei de enviar? Quem irá por nós?", ao que respondi: "Eis-me aqui. Envia-me a mim".

(Confirmação da missão) [9]Ele me disse: "Vai e dize a este povo: Podeis ouvir certamente, mas não compreendereis...".

Explicação

Aparição transcendente: Quem aparece é Deus. Está sentado em um trono alto e elevado. *Estar sentado no trono* indica que Deus está exercendo seu poder de rei. O trono está no alto, elevado. Com uma pitada de fantasia descobre-se o que isso significa. Na cultura judaica, acreditava-se que acima de nossa cabeça houvesse até sete céus. Deus estaria acima deles, portanto, é visto como quem domina o universo.

A cauda de seu manto enchia o santuário: é consciência de que Deus não cabe em um espaço físico, ainda que amplo. Muitos no

Antigo Testamento foram contra a construção do Templo de Jerusalém e sua função, pois isso pareceria querer confinar Deus em um espaço apertado, ele que sempre caminhou com o povo (veja o que Deus responde ao rei Davi quando este deseja construir uma casa para o Senhor: 2 Samuel 7). O santuário, aqui, é o pátio anterior à parte mais sagrada e reservada do Templo de Jerusalém. Ninguém confina Deus.

Os serafins são figuras estranhas. Mas é possível detectar neles a personificação do respeito e reverência devidos a Deus: duas asas cobrem a face deles (não ousam olhar para Deus), duas cobrem os pés (na verdade, cobrem os genitais), em sinal de respeito; e com duas voam (asas representando a liberdade de movimento).

A aclamação dos serafins faz pensar que no Templo se está celebrando a santidade de Deus, cantando a plenos pulmões o Salmo 99, chamado de *triságio*, porque repete três vezes a afirmação de que Deus é santo. Os Exércitos, muito antes de Isaías, eram as forças armadas de Israel. Quando iam à guerra, a arca da aliança – representação da presença de Deus no meio do povo – ia à frente, qual comandante. Mais tarde, no tempo de Isaías, os Exércitos são os astros e as estrelas que obedecem ao comando do Senhor. A aclamação do Senhor é tão intensa que as dobradiças das portas dançavam e o Templo se enchia de fumaça. O terremoto causado pela aclamação do *triságio* é teofania. E a fumaça é sinal da presença de Deus.

Reconhecimento da própria fragilidade. Diante da grandiosidade e da insuperável santidade de Deus, o profeta sente o peso do próprio nada, agravado pelo fato de viver no meio de um povo que está longe de ser puro. Os lábios – juntamente com a língua – são os órgãos que dão a conhecer os sentimentos que a pessoa possui dentro de si. Jesus irá dizer que a boca fala daquilo de que o coração está cheio (Mateus 12,34).

A purificação se dá mediante o fogo. E purificado, o profeta está pronto para a missão.

Isaías viu o Senhor e fez experiência de sua santidade. Dessa experiência surgiu sua vocação profética. Ele é um dos grandes profetas do Antigo Testamento, e a santidade do Senhor foi o motor de sua atividade profética.

11

DRAMA DE OSEIAS, DRAMA DE DEUS

(Oseias 11,1-9)

Reino do Norte

O Reino do Norte começou a existir depois que Salomão morreu (ano 931 antes de Cristo). Esse rei, tido como o mais sábio, foi muito cruel com o povo, chegando a escravizá-lo. Com sua morte, as dez tribos do Norte exigiram de Roboão, filho de Salomão e sucessor direto no trono, diminuição das taxas. Roboão, em vez de atender à solicitação popular, ameaçou aumentar ainda mais as taxas. Revoltadas, as dez tribos (menos Judá e Simeão, que formarão o Reino do Sul) se separaram, formando o Reino do Norte e tendo como rei Jeroboão I. Esse rei, a fim de evitar que as peregrinações a Jerusalém, ao Templo lá construído, se tornassem evasão de divisas, criou dois santuários no Reino do Norte, um no extremo sul (Betel) e outro em Dã (extremo norte).

Os profetas e a Bíblia de modo geral consideraram a ação de Jeroboão I um ato de idolatria, pois quem podia oficiar no Templo eram os sacerdotes descendentes do patriarca Levi, e o rei criou um sacerdócio leigo. Além disso, criou um calendário de festas diferente do calendário do Sul. A tudo isso deu-se o nome de "pecado de Jeroboão", cometido por todos os reis que, quase sempre mediante golpe de Estado, governaram o Reino do Norte.

A primeira capital foi Tersa. O rei Omri (885-874) tornou capital a cidade de Samaria. Ela foi destruída em 722 (721) antes de Cristo pelo império assírio. Desapareceu para sempre. O Reino do Norte desapareceu definitivamente. Oseias é o único profeta nascido, crescido e feito mensageiro de Deus no Reino do Norte. A escassez de profetas com o tempo levou à conclusão que "da Galileia não surge profeta". Isso é dito a Nicodemos no seio do Sinédrio, o supremo tribunal que condenará Jesus à morte (veja João 7,50). É tentativa de descaracterizar Jesus e sua atividade. No tempo do Novo Testamento a Galileia é parte do antigo Reino do Norte.

Jeroboão II

De 783 a 743 – por 40 anos! – o Reino do Norte foi governado por outro Jeroboão (o segundo). Militar ambicioso, investiu na formação de poderoso exército em vista das conquistas. E, de fato, estendeu como nunca as fronteiras do Reino. Sua estratégia para a formação do exército foi, poderíamos dizer, "diabólica". Assim: havia, no Reino do Norte, o culto às divindades cananeias conhecidas como baais. Eram divindades ligadas às chuvas e à fecundidade do solo. A divindade mais importante era Baal, e a chuva era vista como seu sêmen fecundante. As festividades eram celebradas mediante a prostituição sagrada, e isso exercia forte atração nas pessoas.

Jeroboão II incentivou os cultos da fecundidade humana e da fertilidade do solo, cultos ligados a Baal. Nesses cultos aconteciam muitos acasalamentos (prostituição sagrada) e, nove meses depois, nasciam muitas crianças. Com menos de vinte anos, eram guerreiros aptos para as conquistas. O rei não cultivava escrúpulos na exploração do corpo humano, sobretudo o corpo das mulheres. Em nome da religião (de Baal).

Outra iniciativa desse rei consistia em exportar produtos de primeira necessidade para importar bugigangas para as elites. O peso dessa decisão caía sobre os trabalhadores rurais, sempre mais pobres e explorados.

O drama de Oseias

Oseias vive envolvido por essa realidade. Sua atividade profética aconteceu pouco depois de 750, data da intervenção do profeta Amós em Betel (veja Amós 7,1-17).

Oseias tem de fazer o seguinte: casar com uma prostituta infiel para representar como Deus se sente diante das infidelidades do povo, vistas como traição do marido e como ações de prostituta. E ele casa com Gomer, ama-a de paixão, e se ela abandonar a idolatria, será considerada virgem pura. Projetando esses fatos para a esfera de Deus torna-se claro o objetivo da ação de Oseias.

Gomer engravidou e deu à luz *Jezrael*, para significar isto: Deus vai punir a dinastia do falecido rei Jeú, pois na planície de Jezrael derramou muito sangue. Gomer deu à luz uma menina, e recebeu ordem de chamá-la *Lo-Ruhamah*, que significa *Não-Compadecida*, com isso querendo dizer que Deus não mais terá compaixão. O terceiro filho de Oseias com Gomer chamou-se *Lo-Ammi*, que, traduzido, temos *Não-meu-povo*. A ameaça é forte porque, mais uma vez, Deus ameaça deserdar o povo.

Oseias faz de tudo para que sua esposa abandone os cultos cananeus e seja fiel a seu esposo. Ele então proíbe que as nuvens derramem água sobre a terra, demonstrando que por trás do drama conjugal do profeta oculta-se um bem maior, a relação entre Deus e seu povo. Sobretudo nos profetas, essa relação é descrita em termos matrimoniais, que é a relação mais estreita e íntima que possa existir entre duas pessoas.

Texto

11,1 Quando Israel era menino, eu o amei, e do Egito
chamei meu filho. 2 Mas quanto mais os chamavam, tanto
mais eles se afastavam de mim. Eles sacrificavam aos baais

e queimavam incenso aos ídolos. 3Fui eu, contudo, quem
ensinou Efraim a caminhar, eu os tomei pelos braços, mas
não reconheceram que eu cuidava deles! 4Com vínculos
humanos eu os atraía, com laços de amor eu era para eles
como os que levantam uma criancinha contra o seu rosto,
eu me inclinava para ele e o alimentava. 5Ele não voltará
à terra do Egito, mas a Assíria será o seu rei. Uma vez que
recusaram converter-se, 6a espada devastará em suas ci-
dades, aniquilará os seus ferrolhos e devorará por causa
de seus planos. 7Meu povo está obstinado em sua aposta-
sia. Chamam-no do alto, mas ninguém se levanta! 8Como
poderia eu abandonar-te, Efraim, entregar-te, ó Israel?
Como poderia eu abandonar-te como a Adama, tratar-te
como a Seboim? Meu coração se contorce dentro de mim,
minhas entranhas comovem-se. 9Não executarei o ardor
de minha ira, não tornarei a destruir Efraim, porque eu sou
Deus e não um homem, eu sou santo no meio de ti, e não
inimigo devastador.

Procurando entender

Em primeiro lugar, é preciso ter clareza acerca dos nomes. *Israel*, embora seja um dos nomes do Reino do Norte, parece referir-se ao povo de Deus que saiu da escravidão egípcia ("do Egito chamei meu filho"). *Efraim*, no passado, foi um dos filhos do patriarca José, nome de uma das tribos de Israel, instalada no Norte, e por isso representando a terra de Oseias. *Adama* e *Seboim*, junto com Sodoma e Gomorra, sofreram o castigo por sua conduta. *Baais* são divindades cananeias ligadas à fertilidade do solo e fecundidade do seio da mulher. A chuva era vista como o sêmen de Baal caindo sobre a terra e fecundando-a. É evidente que semelhante religião, concretizada na união dos corpos, era muito mais interessante e atraente do que a religião de Israel, que sequer podia representar de alguma forma a divindade.

Como veremos, a qualificação de Deus como "pai" do povo é extremamente rara no Antigo Testamento. Contudo, mesmo não sendo citado explicitamente, há textos nos quais a atitude de Deus é claramente a de um pai amoroso que se esmera em educar seu filho. Porém os gestos descritos nos versículos 3 e 4 revelam a dimensão materna de Deus. Contudo, paralelamente ao carinho divino, apresenta-se a reação negativa do povo, que se recusa aceitar o amor de Deus. É o aspecto materno que aqui se revela, ecoando o aspecto do amor conjugal dos três primeiros capítulos do livro.

A consequência lógica da rejeição do amor materno-divino seria o exílio, não como vingança ou castigo de Deus, mas como consequência por ter abandonado aquele que por sua essência é o protetor. Mas o amor vence até a ingratidão de Efraim, pois Deus não tem um plano que contemple punição. Ele é Deus, e a única coisa que ele não consegue fazer é condenar aqueles que ele próprio criou. Há um pensamento em Isaías que vale a pena reproduzir: "Por acaso uma mulher se esquecerá da sua criancinha de peito? Não se compadecerá ela do filho de seu ventre? Ainda que as mulheres se esquecessem, eu não me esqueceria de ti. Eis que te gravei nas palmas das mãos" (Isaías 49,15-16a).

Vivendo na própria pele o drama de uma paixão sem freios por uma desenfreada e reiterada traição, Oseias nos faz ver a face do Deus no qual Israel acreditou e confiou, e nos estimula a buscar essa face, não obstante nossas pequenas ou grandes infidelidades.

Israel, o povo escolhido (eleito)

No Antigo Testamento a palavra *escolhido* (ou *eleito*) aparece 51 vezes, e é atribuída ora ao rei, ora a Moisés, ao patriarca Jacó, ao servo sofredor. Na maioria das vezes, diz respeito ao *lugar* que Deus *escolheu* para a construção do Templo de Jerusalém. Na ordem das frequências, em segundo lugar, vem o *povo de Israel*, sobretudo em Isaías (veja, por exemplo, Isaías 42,1 – o servo do Senhor como personificação do povo; 43,20; 44,1; 45,4).

Ora, esse tema foi pacificamente aceito, sem talvez aprofundar o sentido dessa "eleição" feita por Deus. Fala-se de *Israel povo eleito* como algo pressuposto. Cá e lá, ao longo desses anos em contato com o povo que ama a Bíblia, ouvi várias vezes a queixa de alguém que não se conformava com o fato de Israel ser o povo eleito. Quem adota essa postura, ou não entende o motivo ou está perto de atribuir parcialidade a Deus.

Como sair desse impasse? Creio que se deva partir da constatação que *escolhido* e *filho* (único) neste caso são conceitos muito próximos, ambos contribuindo para que possamos declarar isto: Israel é o filho de Deus (Oseias 11,1), com o direito à plena herança do Pai. E qual é essa herança? Evidentemente, não se trata de bens materiais, mas de todas as características positivas de Deus, que viemos descobrindo ao longo deste texto. Para quê? Para mostrá-las a todos os povos, abrindo as fronteiras para que Deus seja aquilo que é: o Deus de todos. É tarefa inadiável e intransferível. Nisso consiste a eleição de Israel. É, no Antigo Testamento, o embaixador do Deus que ama todos os povos. Isso não constitui nenhum privilégio, mas missão sagrada urgente.

12

"TU ÉS NOSSO PAI"

(Isaías 63,15-19)

A palavra *pai* comparece aproximadamente 1288 vezes na Bíblia. No Novo Testamento são por volta de 417 ocorrências, mas nem sempre referidas a Deus. No Antigo Testamento, temos cerca de 871 ocasiões, nas quais a palavra "pai" é citada, mas, com certeza, a única vez que Deus é chamado de "pai" é esta que estamos conhecendo. Antes disso, os tempos não estavam maduros, pois chamar Deus de *pai* implica várias coisas, como veremos a seguir.

Terceiro Isaías

Como se sabe, hoje se aceita pacificamente que o extenso livro de Isaías é, na verdade, obra de três autores que viveram em tempos diferentes e com problemáticas diferentes. Costuma-se dividir o livro assim: capítulos 1 a 39: seu autor é o profeta Isaías, que viveu em Jerusalém antes do cativeiro babilônico (iniciado em 586 antes de Cristo). Capítulos 40 a 55: pertencem a um autor anônimo, chamado pelos especialistas de "Dêutero-Isaías" (nós o conhecemos como "Segundo Isaías" ou, mais familiarmente, "Isaías Filho"). Exerceu sua missão profética no exílio da Babilônia, onde estava junto aos exilados. Seu livro traz muita consolação, porque o cativeiro está para acabar. Os capítulos 56 a 66 pertencem ao "Trito-Isaías" ("Terceiro Isaías" ou "Isaías Neto", sem com isso afirmar que eram da mesma família). É do período pós-exílio. O povo já retornou do cativeiro e está reconstruindo sua identidade nacional.

O Terceiro Isaías tem algumas firmes convicções e se esforça para mantê-las e difundi-las em nome de Deus. Essas convicções se chocam com o Judaísmo surgido nesse período (ano 430). O Templo, a Lei e a Raça são as três colunas que sustentam o Judaísmo. Interessa-nos, sobretudo, a questão da Raça. Pouco antes, houve a reforma de Esdras e Neemias que, entre outras coisas, ordenava aos judeus casados com mulher estrangeira expulsá-la com seus filhos (se os tivesse). Essa medida drástica está registrada em Esdras, capítulos 9 e 10, e Neemias 13,23-27. Corria-se grave perigo de confinar Deus em um espaço fechado, voltando ao *henoteísmo*, do qual falamos anteriormente. Não o Deus único, Senhor do universo, aquele que Isaías viu sentado em um trono elevado, por ocasião de sua vocação. O profeta não abre mão dessa convicção, e no começo de seu texto, assim como no final, deixa muito claro: o Deus que outrora era visto ligado a um povo, a uma terra etc., agora é Senhor de todos. Vejamos como começa a sua obra:

> Assim diz Javé: Observai o direito e praticai a justiça, porque minha salvação está prestes a chegar e minha justiça, a se revelar. Feliz o homem que assim procede, o filho do homem que nisto se firma, que guarda o sábado e não o profana e que guarda a sua mão de praticar o mal. Não diga o estrangeiro que se entregou a Javé: "Naturalmente Javé vai excluir-me do seu povo", nem diga o eunuco: "Não há dúvida, pois eu não passo de árvore seca". Pois assim diz Javé aos eunucos que guardam meus sábados e optam por aquilo que me é agradável, permanecendo fiéis à minha aliança: Eu lhes darei, na minha casa e dentro dos meus muros, monumento e nome mais preciosos do que teriam com filhos e filhas;

> dar-lhes-ei um nome eterno, que não será extirpado" (Isaías 56,1-5).

Notemos, brevemente, que se trata de estrangeiros e eunucos, os primeiros por não pertencerem ao povo escolhido; os eunucos, por serem mutilados, eram impedidos de exercer qualquer função no Templo. Observe-se, ainda, que o fator decisivo é a observância do sábado, condição com a qual o povo se comprometia na aliança do monte Sinai.

O encerramento da obra do Terceiro Isaías é igualmente significativo:

> Eu virei, a fim de reunir todas as nações e línguas: elas virão e verão a minha glória. Porei um sinal no meio deles e enviarei sobreviventes dentre eles às nações, a Társis, a Lud, a Fut, a Mosoc, a Tubal e a Javã, às ilhas distantes que nunca ouviram falar a meu respeito, nem viram a minha glória. Estes proclamarão a minha glória entre as nações e de todas as nações trarão os vossos irmãos como oferenda a Javé, montados em cavalos e quadrigas, em liteiras, em mulos e em camelos à minha montanha santa, Jerusalém, diz Javé, exatamente como os israelitas costumam trazer a oblação à casa de Javé em vasos puros. Dentre estes, tomarei alguns para sacerdotes e levitas, diz Javé. Sim, da mesma forma que os novos céus e a nova terra que eu estou para criar subsistirão na minha presença – oráculo de Javé – subsistirá a vossa descendência e o vosso nome (Isaías 66,18-22).

Aos olhos de um defensor do henoteísmo isso soa escandaloso: os não judeus missionários do Senhor, conduzindo a Jerusalém os judeus e oficiando como sacerdotes e levitas.

Jonas e Rute

Não foi somente o Terceiro Isaías a reagir contra a ideia de privatizar a Deus. Autores de outros gêneros literários produziram obras que mais tarde foram agregadas aos livros canônicos da Bíblia. Entre eles se encontram dois que vamos comentar brevemente: Jonas e Rute.

Jonas não existiu como pessoa física e não deve ser considerado profeta. Seu nome significa *pomba*, e pomba era um dos símbolos de Israel. Todo judeu (e não só, nós também) se espelha em Jonas, pode ser chamado Jonas. Ele recebe de Deus a ordem de ir a Nínive proclamar que se a cidade não se converter de sua má conduta será destruída. Ora, Nínive foi capital de um dos mais ferozes imperialismos, o assírio, o mesmo império que destruiu o Reino do Norte em 722 antes de Cristo.

Jonas podia esperar tudo, menos a ordem de ir à capital inimiga porque o Deus de Israel quer que ela se converta e viva. Quer o quê? Nem pensar. E o incomodado judeu toma um navio que vai na direção oposta. No mar, uma tempestade põe em alvoroço todos, passageiros, tripulação... Tiram-se as sortes para descobrir o causador disso tudo. E a sorte caiu em... Jonas. Aí ele abre o bico e conta que está fugindo do Deus dele. Disse também que se o jogassem ao mar a calma retornaria. Jogado ao mar, um peixe enorme o engole. Mas Jonas é tão indigesto – quero dizer, mesquinho – que o peixe não consegue digeri-lo e acaba vomitando-o à terra.

Agora Jonas vai. Foi. E não foi necessário muito esforço percorrendo a cidade inteira. As más notícias têm pernas longas e ágeis, e os ninivitas deviam curtir uma boa fofoca. Fato é que Jonas anuncia durante um dia e a notícia já chegou ao fim da cidade, poupando-o de esforços posteriores. Os ninivitas se convertem a Deus em bloco e imediatamente, do rei ao mais humilde habitante. Até os animais fazem jejum forçado. Ironia: Faz séculos que os judeus não conseguem se converter, e em Nínive até os bichos se convertem.

"Ainda bem que não precisei percorrer a cidade toda", pensou Jonas. E foi para o alto de um morro, esperando assistir ao espetáculo do desaparecimento da cidade. Deus parecia ter dó do amigo, temendo uma insolação. Por isso, em um piscar de olhos, fez crescer um arbusto que lhe desse sombra. "Que bom", pensou Jonas, "assim é melhor". Mas, na manhã seguinte, o arbusto estava completamente seco. "Que ódio!", exclamou, "vou reclamar com Deus". Deus lhe perguntou se estava chateado porque o arbusto secou. – "Até a morte", respondeu secamente. E Deus lhe mostrou que em Nínive moravam 120 mil pessoas e muitos animais. E perguntou a ele se não era dever de Deus ter compaixão de todos eles.

Intrigante nessa história é o fechamento em forma de pergunta, e nós não temos certeza se Jonas se acalmou e aceitou que o Deus dele seja o Deus também de seu pior inimigo. Você, o que acha?

Rute é uma espécie de "novela", e sua personagem mais importante é uma estrangeira. Seu nome: Rute. A história começa assim: "No tempo dos juízes...", mas nós lhe perdoamos a mentirinha e sabemos que seu autor viveu na época de Esdras e Neemias – portanto, depois do exílio na Babilônia – e sua obra mistura ficção e história. Quer combater a ordem desses dois líderes judeus que decretaram a expulsão das esposas estrangeiras e dos seus filhos. Será que Deus pertence a alguma raça, está limitado a um território, aceita em seus templos apenas pessoas da mesma raça?

A história vai começar. Antes, porém, como acontece no cinema, vamos conhecer os protagonistas mais importantes e o significado de seus nomes: *Elimelec* (marido de Noemi): *Meu Deus é Rei*; *Noemi* (esposa de Elimelec): *Minha doçura* (pede para ser chamada de *Mara* = *A Amarga*); *Rute* (nora de Noemi) = *A Amiga*; *Orfa* (nora de Noemi) = *Aquela que dá as costas*; *Maalon* (filho de Noemi) = *Estar doente*; *Quelion* (filho de Noemi) = *Consumir-se*; *Booz* (esposo de Rute) = *Forte*; *Obed* (filho de Rute) = *Servidor*.

Tudo começou em Belém (que significa *Casa do pão*), alguns quilômetros ao sul de Jerusalém. Na *Casa do pão* falta pão, por causa de grave estiagem. A família resolveu migrar para o estrangeiro, indo viver no território de Moab. Lá aconteceu a grande tragédia: Elimelec morreu; Maalon e Quelion, que estavam casados com Rute e Orfa, duas mulheres moabitas, também morreram sem ter filhos. A *lei do cunhado* (também conhecida como *lei do levirato*; veja Deuteronômio 25,5-10) ordenava que no caso de marido morrer sem ter filhos, o irmão mais próximo em idade devia casar com a viúva e suscitar herdeiro ao defunto. O menino já nasceria como herdeiro dos bens do falecido. É o caso dos dois filhos de Noemi: não tiveram filhos. Noemi tem bom senso: ela é viúva, mesmo que viesse a ter marido e filhos, ficariam as noras esperando eles estar prontos para casar?

Então disse a elas: "É melhor vocês voltarem para suas famílias". Orfa deu-lhe as costas e foi. Mas Rute se apegou à sogra de tal maneira, que decidiu ficar com ela para o que der e vier: morar com ela, ter a mesma religião que a da sogra e até ser sepultada com ela. E as duas voltaram a Belém, pois lá havia chovido e era tempo de colheita.

Rute foi respigar em um campo de certo Booz. Quando ele ficou sabendo que aquela moça era nora de Noemi, deu ordens para que os ceifadores não a importunassem e até disse para deixar para trás mais espigas de modo que ela pudesse pegá-las. Deu-lhe almoço e, no fim do dia, carregou-a de grãos. Noemi, que trabalhava nos bastidores, ficou sabendo que numa dessas noites Booz iria dormir na roça, junto dos grãos que haviam sido trilhados. Pediu que Rute se produzisse: banho, perfumes, roupas limpas... e fosse à eira onde Booz estava deitado. Ela foi e os dois dormiram debaixo do mesmo cobertor. De manhã, ainda escuro, Rute voltou para a sogra, e Booz foi à porta da cidade, pois lá funcionava o tribunal. Havia outra lei entre eles, a lei do resgate, assim: para que um terreno ficasse no âmbito da família, quando uma pessoa vendia o próprio terreno, outra pessoa de sua família devia comprá-lo. Assim as terras ficavam sempre no âmbito daquela família. Ora, Noemi tinha um terreno e o pôs à venda. Booz queria comprá-lo, mas à frente dele havia outra pessoa da família detentora do direito de compra. Essa pessoa estava passando pela porta exatamente naquele momento. Booz chamou o homem, expôs-lhe o caso, e ele disse: "Eu compro o terreno". Mas Booz acrescentou: "Comprando o terreno você fica também com Rute". Ele respondeu: "Então eu desisto". E tirou a sandália, entregando-a a Booz. Era o documento que comprovava as decisões.

A porta estava aberta para Booz casar com Rute. E houve casamento, e tempos depois Rute teve um filho. Noemi ficou tão feliz que foi para aquela criança não só avó, mas também mãe. Quer saber o nome da criança? Obed. Ele foi pai de Jessé, que foi pai do rei Davi. Aqui termina a história.

Aprendemos que Rute, a estrangeira, entrou na lista dos antepassados do rei Davi. E o Evangelho de Mateus (1,5) a apresenta como parente de Jesus. A história é delicado puxão de orelhas em quem mandou expulsar as mulheres estrangeiras com seus filhos. E descobrimos que o Senhor é Deus de todos os povos. Hoje, sabemos que não há raças. Há uma só raça – a raça humana. E Deus é o Deus de todos. Aqui morre o henoteísmo.

Texto

[63,15]Olha desde o céu e vê, desde tua morada santa e
gloriosa. Onde estão teu zelo e teu valor? O estremeci-
mento das tuas entranhas e a tua compaixão para comigo
se recolheram? [16]Com efeito, tu és nosso pai. Ainda que
Abraão não nos reconhecesse e Israel não tomasse co-

nhecimento de nós, tu, Javé, és nosso pai, nosso redentor:
tal é teu nome desde a antiguidade. [17]Por que fazes com
que nos desviemos dos teus caminhos? Por que endure-
ces nossos corações para que não te temamos? Volta, por
amor dos teus servos e das tribos da tua herança. [18]Por
pouco tempo teu povo possuiu sua herança; então nossos
inimigos pisaram teu santuário. [19]Há muito que somos um
povo sobre o qual não exerces teu domínio, sobre o qual
não se invoca teu nome. Oxalá fendesses o céu e desces-
ses, diante de tua face os montes se abalariam.

Algumas anotações

* "Há muito que somos um povo sobre o qual não exerces teu domínio, sobre o qual não se invoca teu nome" (versículo 19a). Isso demonstra que nessa época o povo está sob o domínio de outro senhor, que ocupa o lugar do único Dono do povo, Deus. De fato, a história de Israel quase sempre está sob a dominação de grandes impérios: assírio, babilônico, persa, grego e romano (veja, adiante, Apêndice 4). Na época desse texto é a vez do império persa (539 a 333 antes de Cristo). É o dominador de plantão.

* "O estremecimento de tuas entranhas e tua compaixão para comigo se recolheram?" (Versículo 15b). Em nome do povo, o Terceiro Isaías tem a impressão de que Deus já não é mais o mesmo ou deixou de tratar o povo com aquela paixão de outrora, quando afirmava: "Por acaso uma mulher se esquecerá de sua criancinha de peito? Não se compadecerá ela do filho de seu ventre? Ainda que as mulheres se esquecessem, eu não me esqueceria de ti. Eis que te gravei nas palmas das mãos" (Isaías 49,15-16a).

* "Com efeito, tu és nosso pai. Ainda que Abraão não nos reconhecesse e Israel não tomasse conhecimento de nós, tu, Javé,

és nosso pai, nosso redentor: tal é teu nome desde a antiguidade" (versículo 16). É, como vimos, a única vez que o Antigo Testamento chama Deus de "pai", associando-o à ideia de criador, origem e fonte da vida. Acrescenta-se o aspecto de "redentor", "resgatador", ligando-o ao êxodo. Outra explicação da escassa presença do tema da paternidade de Deus é este: A primeira experiência que o povo fez de Deus não é sua paternidade, e sim sua ação libertadora, associada ao termo *go'el*. Em outras palavras, Israel experimentou Deus na libertação da escravidão egípcia, e só mais tarde é que começou a considerar Deus como pai, ou seja, fonte e origem da vida. Em hebraico, *redentor* se diz *go'el*. O primeiro e mais antigo significado desse termo é *vingador do sangue* derramado, função ligada à *lei do talião* (olho por olho, dente por dente...; Êxodo 21,24). O sentido da palavra *go'el* evoluiu e encontrou significado pleno em Jesus redentor. O sentido do versículo 17 já foi explicado anteriormente.

* "Oxalá fendesses o céu e descesses, diante de tua face os montes se abalariam" (versículo 19b). No pós-exílio, por influência de outras culturas, como a grega, Deus foi confinado mais além dos céus, pois se supunha que lhe desagradasse enormemente a matéria (e o corpo humano é também matéria). É o tempo em que surge e se fortalece a religião do puro e do impuro, tão defendida pelos fariseus no tempo de Jesus. Com isso, Deus acabou distante e descomprometido com os percalços da vida. O Terceiro Isaías expressa o desejo de que Deus volte a caminhar com as pessoas. Daí o pedido para que rasgue os céus e desça para caminhar conosco. O Evangelho de Marcos, ao narrar o batismo de Jesus, vê realizado esse desejo (Marcos 1,10). Os montes se abalando significa que está acontecendo uma manifestação de Deus (teofania). Jesus é essa manifestação.

13

"TU O DEUS DOS HUMILDES, O SOCORRO DOS OPRIMIDOS, O PROTETOR DOS FRACOS..."

(Judite 9,11b)

Judite significa *judia*. Toda mulher judia é Judite. Na Bíblia há um livro com o nome dela servindo-lhe de título. É pouco conhecido e ausente nas Bíblias dos evangélicos, que não aceitam como Palavra de Deus os textos do Antigo Testamento escritos em grego.

Judite vive em *Betúlia*. Não há mapa que registre essa cidade. O nome dela significa *virgem*, e virgem é a forma como muitos textos do Antigo Testamento se referem a Jerusalém, mãe do povo judeu (e nossa mãe também). Desse modo a minha, a sua cidade podem, sem dúvida, chamar-se *Betúlia*. Porque Betúlia somos nós.

O livro que traz o nome dessa viúva não se importa em cometer erros de geografia, de história, de povos, confundindo em relação aos acontecimentos e fornecendo dados que não coincidem com a história. Mas isso não faz a mínima diferença. Um dos objetivos a alcançar com essas informações erradas é permitir que o leitor dê nomes aos bois, descobrindo por si mesmo quem o autor quis identificar.

Judite é livro escrito em tempos de terríveis dificuldades e crises para os judeus. Estão sendo perseguidos por um rei grego dos Selêucidas, chamado Antíoco IV Epífanes (tenha presente que esse título tem algo a ver com "divino"; *epifania* significa *manifestação* (*de Deus*). Ele impõe à força a cultura e a religião dos gregos.

Alguns judeus aceitam pacificamente e até promovem a novidade. Outros reagem com força, pois aceitando aquilo que os gregos querem impor mata-se a alma do povo judeu: cultura, religião, tradições...

É a época dos Macabeus (por volta de 170-160 antes de Cristo). E já podemos mostrar o objetivo do livro: animar a resistência dos judeus, pois pensava-se assim: se uma mulher sozinha, sem armas, conseguiu semelhante façanha de libertação, o que não fará o povo todo unido no mesmo objetivo?

A ambição de Antíoco não tem limites. Seu desejo é conquistar o mundo e ocupar o lugar de Deus. Em Betúlia, consternação: as fontes de água foram ocupadas pelo exército inimigo (era uma das estratégias quase sempre bem-sucedida na ocupação de uma cidade). Os chefes de Betúlia, pressionados pela população, não sabem qual medida tomar. Decidem dar a Deus um prazo: se ele não intervier dentro de cinco dias, eles se entregarão ao inimigo pois, olhem só, diziam ser preferível ser escravo vivo do que livre morto (o famoso escravo dos romanos chamado Spartacus afirmava que a morte era a libertação do escravo). Judite dá bronca em todos e se prepara à ação rezando:

Texto (9,1.4b.5.10-11.13a)

9,1 Judite prostrou-se com o rosto por terra. Pôs cinza
sobre a cabeça e despojou-se até ficar apenas com o pano
de saco que havia vestido. Era a hora em que se oferecia
em Jerusalém, no Templo de Deus, o incenso da tarde. Em
alta voz, Judite clamou ao Senhor e disse: 4b "Deus, ó meu
Deus, ouve-me: Sou uma pobre viúva. 5 Tu fizeste o pas-
sado, aquilo que acontece e o que acontecerá depois. O
presente e o futuro foram concebidos por ti, o que tinhas

em mente aconteceu... [10]Pela astúcia de meus lábios fere o escravo com o chefe e o chefe com o servo. Quebra a sua arrogância pela mão de uma mulher. [11]Tua força não está no número, nem tua autoridade nos violentos, mas tu és o Deus dos humildes, o socorro dos oprimidos, o protetor dos fracos, o abrigo dos abandonados, o salvador dos desesperados. [13]Dá-me uma linguagem sedutora...".

A história continua...

Terminada a oração, Judite se produziu e ficou fascinante. Tomou sua serva, provisões e todo o necessário para a realização de seu plano, não revelado a ninguém, e caminhou em direção ao acampamento inimigo. Os soldados a detiveram, conduzindo-a a general Holofernes, que ficou transtornado com tanta beleza e, querendo ganhá-la para si, consentiu que ela e sua serva saíssem para rezar fora do acampamento e não provassem a comida do inimigo. Em troca, Deus comunicaria a ela o tempo e o modo de conquistar Betúlia, sem perder um soldado sequer.

Querendo conquistá-la a qualquer preço, Holofernes deu um banquete e ficou profundamente bêbado. Ele se jogou na cama e dormiu. Judite viu chegado o momento. Pegou a espada do general e cortou-lhe a cabeça em um só golpe. Pôs a cabeça em uma sacola e com sua serva dirigiu-se para o lugar onde todos os dias fazia suas orações. Chegou à porta da cidade e já não se continha de alegria e emoção. Entrou, mostrou a todos a cabeça de Holofernes, que acabou pendurada no lado de fora da muralha da cidade, à vista dos inimigos.

Judite foi celebrada por sua coragem e confiança em Deus. O povo lhe dizia: "Tu és a glória de Jerusalém! Tu és o supremo orgulho de Israel! Tu és a grande honra de nossa raça! Realizando tudo isso com tua mão fizeste benefícios a Israel, e Deus se agradou com isso. Bendita sejas pelo Senhor Todo-poderoso na sucessão dos tempos".

Muitos em Betúlia sonharam casar com Judite, mas ela preferiu continuar a vida como viúva. Antes de morrer dividiu os bens entre todos os parentes próximos.

APÊNDICES

Apêndice 1

NOVO DESAFIO: VER DEUS FACE A FACE NAS SITUAÇÕES DE SOFRIMENTO

Com este Apêndice espero não estar fora do objetivo que nos propusemos alcançar. Considero oportuno refletir sobre as situações adversas, como no caso de sofrimento humano inexplicável do ponto de vista do ser humano. Enquanto não assimilarmos essa questão estaremos caminhando como os ponteiros do relógio, que andam e andam, mas não saem do lugar. Há muitas pessoas surpreendidas pela doença que precisam dar um salto de qualidade, pois a doença pode ser momento de superação. É como na competição de salto em altura do atletismo. A doença é a barra que precisamos ultrapassar para acreditar em nossas potencialidades. Cada centímetro que a barra sobe é preciso armar-se de coragem, acreditar, pular. Deus está presente aí. Não é ele quem põe sempre mais alta a barra a ser ultrapassada. Ele é nosso treinador, incentivador, aquele que por primeiro crê que conseguiremos. E quando não conseguirmos ir além da barra, devemos recordar o que disse um santo moderno: "Aquele que morre lutando é um vencedor".

Comigo os fatos foram assim: em 1988 comecei a sentir dificuldade em escrever à mão. Mas somente em 2002 recebi o diagnóstico de Parkinson e comecei a medicação específica, acompanhada de fisioterapia. Vieram-me à memória imagens dolorosas de companheiros acometidos por essa moléstia. Há no Brasil cerca de duzentos mil parkinsonianos, quantidade considerável. Como agravante, foi-me dito, não sei em qual sentido: "O Parkinson não mata". Piorou. Porque esse "companheiro indesejável" não vai largar da gente. Isso aumenta a perplexidade e alimenta uma questão que ainda não consegui digerir: por que para muitas pessoas o fim da vida é tão miserável e sofrido para o paciente e também para seus cuidadores? Todos esses elementos se precipitaram sobre mim como sentença condenatória.

Entrei em depressão, mas a certo momento resolvi lutar pela vida com todas as forças. Disse a meu inseparável "companheiro": Serei osso duro de roer para você. Pode contar com minha luta cotidiana contra sua presença em mim. Outra decisão: a doença não vem do Senhor. É preciso absolver Deus. Ele não seria Deus se a doença viesse dele como castigo ou não. Inocentar Deus não significa culpar o ser humano. Muitas vezes, entra em cena a contingência humana, o fortuito, o imponderável. É claro, Deus pode tudo. Também fazer o mal? Seria Deus se, podendo fazer o mal, enviasse moléstias ao ser humano para ver como se comporta? Acaso isso não é próprio dos campos de concentração nazistas?

Um companheiro de fisioterapia me perguntava com insistência: "Padre, o que eu fiz para ter essa doença?" Eu sempre respondia: "Nada, absolutamente nada". Porque, se o Deus no qual acreditamos age dessa forma, é melhor ser ateu ou, como aconselhou a Jó sua mulher, amaldiçoar a Deus e morrer. E, sem estar brincando, o companheiro de fisioterapia acrescentava: "Acho que fui eu quem salgou a Santa Ceia". Às vezes, dizia: "Creio que fui eu aquele que fez a cruz para Jesus".

Ele faleceu sem dar o salto de qualidade, sem sair do impasse que era acreditar ter sido Deus a mandar-lhe o Parkinson. Não lhe ocorria que Deus pode aproveitar também as situações adversas para realizar seu projeto, que é sempre bom projeto, pois se Deus é bom, dele pode proceder somente o bem.

Também o portador de Parkinson, se for atento às situações da vida, pode crescer, pois se aprende mais com os erros e limitações do que com os bons êxitos. Por exemplo: uma doença pode me ajudar a trabalhar a questão da fragilidade e limitação da vida humana, derrubando o bastião da maldita prepotência que não engrandece a pessoa, mas lhe dá uma aparência de tudo poder, de tudo fazer. Ou rejeitar tudo como falso.

Estou escrevendo estas coisas no Sábado Santo, confinado em casa na quarentena provocada pelo coronavírus. Não sei como serão os desdobramentos que virão, mas penso que um resultado disso tudo é a tremenda chacoalhada que o ser humano leva por considerar-se todo-poderoso, quando, na verdade, um minúsculo elemento, não detectável por microscópios mecânicos, arrasa cidades inteiras, pondo a humanidade de joelhos. E se o coronavírus tivesse saído de laboratórios, pior ainda, pois o ser humano deveria então receber o diploma de insensato que cava a própria cova.

O Parkinson me ajudou a ser mais humano, menos onipotente. Dependente de um cuidador, cada dia é um Lava-pés que se renova, é um pudor que se supera. Todo ser humano deveria fazer a experiência de precisar que outra pessoa lhe aproxime o alimento da boca, para sentir que a grandiosidade está no amor e não no poder.

Toda doença de certo modo é coletiva. Explico: quando em uma família alguém é diagnosticado com determinada enfermidade, é como se toda a família adoecesse, pois ter em casa um doente é desafio diário. Mas é preferível isso do que internar sem necessidade o doente, porque representaria nossa internação também.

Com a doença, o universo dos valores do doente se transforma, sobretudo para quem está mais próximo do doente, como no caso do(a) companheiro(a), caso esteja casado(a). Por exemplo: o Parkinson destrói a libido do doente. Podemos imaginar o mal-estar que isso provoca em um casal; o(a) companheiro(a) saudável chega a separar-se, aumentando o volume da crise.

O título deste Apêndice inclui Deus nesse drama. Então podemos perguntar: Onde está Deus em situações semelhantes? Para entender essa questão e responder adequadamente é preciso deixar de lado momentaneamente o conceito do poder infinito de Deus e olhar para o Jesus que chora quando seu amigo Lázaro estava irreparavelmente morto (João 11,35). Estamos diante da "fraqueza" de Deus, pois ele está presente naquele que sofre, identifica-se com ele na doença (Mateus 25,36) e na fragilidade da vida. Todo sofrimento humano que passa por Jesus – não no sentido que vem dele – adquire novo significado, reluz de forma nova. O apóstolo Paulo, escrevendo aos Colossenses, declara: "Agora regozijo-me em meus sofrimentos por vós, e completo o que falta às tribulações de Cristo em minha carne pelo seu Corpo, que é a Igreja" (1,24). Isso é ver a face de Deus nas situações de sofrimento e morte. É mais ou menos isso que o Salmo 116,15 expressa com estas palavras: "É custosa aos olhos de Javé a morte de seus fiéis". Humanamente falando, o texto quer dizer que Deus sofre perdas quando seus fiéis morrem.

E com isso ponho um ponto final. Mas para os eventuais leitores, o assunto continua. Não se furtem aos desafios que as doenças e os males nos apresentam diariamente, pois nessa busca a face de nosso Deus vai se tornando sempre mais brilhante.

ÍNDICE DAS CITAÇÕES BÍBLICAS

Apêndice 3

ALGUMAS DATAS IMPORTANTES PARA ESTE ESTUDO

Antes de Cristo

1850 aproximadamente: Chegada de Abraão a Canaã

1750 aprox.: Os filhos de Jacó no Egito

1250 aprox.: O êxodo

Entre 1250 e 1200: Josué invade a Palestina

De 1200 a 1025: Época dos Juízes

De 1030 a 1010: O primeiro rei: Saul

De 1010 a 970 aprox.: Davi rei

De 970 a 931 a.C. aprox.: Salomão rei

931: Divisão do império: Norte (10 tribos) também chamado Israel ou Efraim (capital Tersa). Sul (tribos de Judá e Simeão). Capital Jerusalém.

Norte (931-910): Jeroboão I

Sul (931-913): Roboão

Norte (783-743): Jeroboão II

Norte (cerca de 750): Atividade do profeta Amós. Logo depois: Atividade do profeta Oseias

Norte (722/721): Destruição, pelos assírios, da capital do Norte (a cidade Samaria) e fim do Reino do Norte

Sul (716-687) Ezequias. Tentativa de reforma fracassada

740: Morte do rei (Sul) Ozias; vocação de Isaías (Isaías 6)

640-609: Rei Josias. Empreenderá reforma político-religiosa

622: Descoberta do livro da Lei (parte central do Deuteronômio). O livro da lei impulsiona a reforma de Josias. Atividade da escola deuteronomista (redação da história deuteronomista: Josué, Juízes, 1 e 2 Samuel, 1 e 2 Reis).
627: Vocação de Jeremias
Antes de 586: Profeta Ezequiel (irá para o exílio)
586 (junho/julho): Queda de Jerusalém. Fim do Reino do Sul
586-538: exílio na Babilônia. Aí atuam os profetas Ezequiel e Segundo Isaías
538: Decreto de Ciro, rei dos Persas, liberando a volta do cativeiro
520-515: Construção do Segundo Templo. Esdras. Neemias
430: Fundação do Judaísmo (Neemias 8)
Depois de 300: Primeira tradução da Bíblia; do hebraico ao grego (conhecida como *Setenta*).

OS GRANDES IMPÉRIOS E O POVO DE DEUS

De modo geral, durante o período de formação do Antigo Testamento, o povo de Deus esteve de alguma forma sob o domínio de grandes impérios. O Novo Testamento não foge à regra. Quando Jesus iniciou sua pregação, sua terra estava cerca de um século sob a dominação romana.

O Novo Testamento surgiu a partir do ano 51 da nossa era e estava completo quando os romanos destruíram totalmente Jerusalém, dando contornos finais à destruição anterior (do ano 70 da nossa era). Poucos ou quase ninguém dentre os estudiosos da Bíblia levam em conta este aspecto: A Bíblia, de modo geral, surgiu inteiramente em tempos de dominação imperialista. Dessa consciência podem decorrer consequências imprevisíveis.

Antes da chegada do império assírio, o Egito está em campanha para conquistar a Palestina, embora não alcance seu objetivo.

* *Império assírio* (por volta de 824 antes de Cristo até 612). Entre os males causados ao povo de Deus encontra-se a destruição do Reino do Norte (722/721) com sua capital, Samaria. Ficaram na terra as pessoas inválidas e improdutivas. O império assírio enxertou no destruído e vazio Reino do Norte populações estrangeiras que, misturando-se por meio de casamentos com os que não tinham sido levados para o cativeiro, deram origem aos

samaritanos. O Reino do Sul por enquanto sobrevive. O império assírio durou cerca de 200 anos.

* *Império babilônico* (612 a 539). Os babilônios derrotam os assírios, tomando sua capital, Nínive. Entre os males causados ao Reino do Sul, sobressai a destruição de Jerusalém e do Templo, levando as elites e pessoas produtivas para o exílio na Babilônia. O império babilônico durou 73 anos.

* *Império persa* (539 a 531). Os persas, comandados por Ciro, vencem os babilônios, destruindo completamente o império deles. Ciro permitiu que os judeus voltassem à pátria, que se organizassem do ponto de vista religioso, porém não no campo político. Mas, apesar dessas concessões, os persas dominaram com crueldade a Judeia, impondo-lhe pesados tributos em prata, metal inexistente ou escasso na Palestina. Os judeus deviam produzir para exportar e comprar prata, e assim pagar o tributo ao dominador. O império persa durou por volta de 208 anos.

* *Império grego* (331 a 63). O jovem grego/macedônio Alexandre Magno (353-323), como um relâmpago, em pouco tempo se torna dono do mundo, governando de 336 a 323 antes de Cristo. Morreu cedo e jovem, e o imenso território conquistado foi dividido entre os diádocos, isto é, seus generais (Cassandro, Lisímaco, Antígono, Selêuco e Ptolomeu Lagos). Para a Palestina, é importante o território que contém o Egito, governado pelos Lágidas (Ptolomeus), e o território que tem sua sede em Antioquia, na Síria, administrado pelos Selêucidas. A Palestina ora é dominada por uns, ora por outros, que lutam ente si. O pior período sofrido foi a época do selêucida Antíoco IV Epífanes. De 167 a 164 a.C., impôs pela violência a religião e cultura dos gregos. Nessa época temos a revolta dos Macabeus. O império grego durou cerca de 268 anos.

* *Império romano* (63 antes de Cristo até 135 da nossa era, data na qual com certeza todo o Novo Testamento está escrito). O im-

pério romano continuou comandando o mundo então conhecido, mas 135 é o ano em que a Judeia começa a ser parte da província da Síria-Palestina; Jerusalém é rebaixada a colônia romana e os judeus são proibidos de nela entrar. O império romano dominou a Palestina por 198 anos.

Como podemos ver, os imperialismos que dominaram a terra na qual surgiu a Bíblia têm seus dias contados, sendo destinados ao desaparecimento. Com certeza desapareceram e desaparecerão por terem em seu DNA o gene do poder que absolutiza. E Absoluto é somente um: Deus. Os impérios que dominaram o mundo desapareceram como fumaça, corroídos pelo poder, que aumenta sempre mais a sede dos que o possuem. Em Jesus Cristo Deus revelou seu projeto, cujo núcleo é aquilo que rezamos na *oração do Senhor*: "Venha a nós o vosso reino". Os imperialismos são inimigos do reino de Deus, e o tempo se encarregará de fazê-los desaparecer da face da terra.

Este livro foi composto com as famílias tipográficas Adobe Caslon Pro e Segoe UI
e impresso em papel Offset 75g/m^2 pela **Gráfica Santuário.**